音声DL付き

新版 **はじめての モンゴル語**

川越有希子

● はじめに ●

　「モンゴル」といえば、広い草原やゲル（円筒形の移動式住居）のことなどを話す人が以前は多かったのですが、最近では日本で活躍しているモンゴル人力士のことも話題に出てくるようになりました。彼らがどうして強いのかというと、それは子供の頃から相撲をとったり大草原を馬で駆けめぐったり、また家畜の世話などをしてきており、誰もがたくましく育つ環境があるからです。

　まだモンゴルに足を踏み入れていない方も、モンゴルの人々の笑顔や温かい心にふれると、モンゴルに行ってみたい衝動にかられると思います。そんなモンゴルを満喫するためには、やはり現地の人と仲良くなること。日本語のできるガイドさんはいますが、それでは間接的で、なかなかコミュニケーションはとれません。実際に話すことで、より楽しい時間が増えることでしょう。

　モンゴル語を学ぶ方法の一つとして、気に入った表現を少しずつ覚えていってください。そしてモンゴル人と出会ったときに、使ってみてください。相手のモンゴル人は、あなたがモンゴル語を話せるのだと思い、親近感をもって話しかけてくるでしょう。そのときに「Монголоор бага зэрэг ярина.（モンゴロール　バガ　ゼレグ　ヤリナ）＝モンゴル語は少しできます。」と言って、辞書を片手に単語を並べてでも話しかけてみてください。そこからあなたのモンゴル語は上達していくことでしょう。大切なのは本当に伝えたい気持ちと積極的に話すことです。

　本書は、語学が苦手な方でも手に取って見ていただけるよう、イラストをたくさん載せています。イラストがあることによって、どのページにどんな表現が載っているか視覚から頭に入りやすい

と思います。モンゴル語のフレーズは、簡単で覚えやすいものを選んで載せています。

　本書のフレーズ、基本単語などを録音していますので、モンゴル人の生の声を何度も聴いて、声に出して読んでみてください。聴覚からも頭に入り、より学びやすくなります。

　イラストは、日本人女性の"みか"と羊の"ホニ"がモンゴルを訪れ、モンゴル人男性の"ムンフー"と出会い、そして様々な場面に遭遇し、展開していくという設定になっています。

　本書をきっかけに皆さんがモンゴルに興味をもち、モンゴル人と心を通わせ、たくさんの友達ができれば幸いです。

川越 有希子

● 目　次 ●

はじめに

Part 1　モンゴル語について

＜モンゴル語の文字と発音＞
1	アルファベット	12
2	母音の発音	13
3	注意すべき発音	15
4	アクセント	17

＜基本文法＞
1	モンゴル語と日本語は似ている？	18
2	男性語と女性語	19
3	名詞の格語尾	20
4	人称代名詞と指示代名詞	22
5	人称代名詞と指示代名詞の格変化	23
6	基本文型	24
7	動詞の活用	26

＜基本単語＞
1	数字	30
2	月日・季節	32
3	時間	34
＊イラストで学ぶモンゴル語 1		36

Part 2　日常会話のやさしいフレーズ

1	あいさつ 1	38
2	あいさつ 2	40
3	お礼	42
4	おわび	44
5	自己紹介	46
6	友達になる	48
7	再会	50
8	誘う	52
9	返事	54
10	肯定・否定	56
11	希望	58
12	お願い	60
13	呼びかけ	62
14	たずねる 1	64
15	たずねる 2	66
16	相手にたずねる	68
17	家族について	70
18	電話	72
19	お祝い	74
20	可能・不可能	76

21	好き・嫌い	78
22	天気	80
23	許可・禁止	82
24	気持ち	84
25	とっさの表現	86
26	時間	88
27	月日・曜日	90
*イラストで学ぶモンゴル語 2		92

Part 3　旅行で使えるフレーズ

1	空港	94
2	両替	96
3	街に出る	98
4	タクシー・バスに乗る	100
5	切符を買う	102
6	ホテル 1	104
7	ホテル 2	106
8	レストラン 1	108
9	レストラン 2	110
10	ショッピング 1	112
11	ショッピング 2	114

12	劇場・博物館	116
13	郵便局にて	118
14	草原・砂漠へ	120
15	ゲル訪問	122
16	馬に乗る	124
17	写真を撮る	126
18	ナーダム	128
19	かけ声	130
20	招待をうける	132
21	日本・モンゴル	134
22	体調	136
23	病院	138
24	トラブル	140
25	なぐさめる	142
	＊ イラストで学ぶモンゴル語 3	144

Part 4　基本単語

1	お金	146
2	方向・位置	148
3	天気・気候	150
4	自然	152

5	動物	154
6	家	156
7	家族	158
8	趣味	160
9	職業	162
10	ホテル	164
11	街	166
12	駅	168
13	乗り物・移動	170
14	観光・娯楽	172
15	色・素材	174
16	アクセサリー・小物	176
17	衣類	178
18	味	180
19	料理	182
20	食材	184
21	飲み物・お菓子	186
22	食器・調味料	188
23	体	190
24	顔・内臓	192
25	症状	194
26	国名	196
27	動詞 1	198

28	動詞 2	200
29	形容詞 1	202
30	形容詞 2	204
31	自分のこと	206

音声データについて

本書の Part 1 の「モンゴル語の文字と発音」「基本単語」、および Part 2〜3 のフレーズ（日本語、モンゴル語）、Part 4 の単語（日本語、モンゴル語）を収録しています。

明日香出版社のホームページにアクセスして音声データ（mp3 形式）をダウンロードして、パソコン、携帯端末で聞くことができます。
https://www.asuka-g.co.jp/dl/isbn978-4-7569-2405-6

※本書は『CD BOOK はじめてのモンゴル語』（2005 年発行）の音声をダウンロードできるようにしたものです。

※音声の再生には mp3 ファイルを再生できる機器などが必要です。ご使用の機器、音声再生ソフトなどに関する技術的なご質問はメーカーにお願いいたします。音声ダウンロードサービスは予告なく終了することがあります。

※図書館ご利用者も音声をダウンロードしてご使用できます。

※本書の内容、音声に関するお問い合わせは弊社ホームページからお願いいたします。

Part 1

モンゴル語について

モンゴル語の文字と発音

モンゴル語の発音は日本語と似ていますが、日本語にない発音をするものもあるので気をつけましょう。

1 アルファベット Цагаан толгой
<small>ツァガーン　　　トルゴェ</small>

1	А	а	アー	〔a〕	19	Р	р	エル	〔r〕
2	Б	б	ベー	〔b〕	20	С	с	エス	〔s〕
3	В	в	ウェー	〔w〕	21	Т	т	テー	〔t〕
4	Г	г	ゲー	〔g〕	22	У	у	オー	〔u〕
5	Д	д	デー	〔d〕	23	Ү	ү	ウー	〔ü〕
6	Е	е	イェー	〔ye〕	24	Ф	ф	フェー	〔f〕
7	Ё	ё	ヨー	〔yo〕	25	Х	х	ヘー	〔kh〕
8	Ж	ж	ジェー	〔j〕	26	Ц	ц	ツェー	〔ts〕
9	З	з	ゼー	〔z〕	27	Ч	ч	チェー	〔ch〕
10	И	и	イー	〔i〕	28	Ш	ш	イシ	〔sh〕
11		й	(ハガス)イ	〔i〕	29	Щ	щ	イシチェー	〔shch〕
12	К	к	カー	〔k〕	30		ъ	(ハトーギーンテムデグ)	
13	Л	л	エル	〔l〕	31		ы	イー	〔yi〕
14	М	м	エム	〔m〕	32		ь	(ズールニーテムデグ)	
15	Н	н	エヌ	〔n〕	33	Э	э	エー	〔e〕
16	О	о	オー	〔o〕	34	Ю	ю	ユー	〔yu〕
17	Ө	ө	ウー	〔ö〕	35	Я	я	ヤー	〔ya〕
18	П	п	ペー	〔p〕					

＊〔　〕内はローマ字転字・「ъ・ь」は記号

2 母音の発音

　モンゴル語の基本母音は日本語より2つ多く、「а э и о у ө ү」と7つあります。オとウの発音が2つずつあり、微妙な発音の違いがあります。中でも「о（オ）」と「ө（ウ）」の発音が難しいです。

短母音の発音

① a　ア　日本語の「ア」とほぼ同じ発音にあたります。

② э　エ　日本語の「エ」とほぼ同じ発音にあたります。

③ и　イ　日本語の「イ」とほぼ同じ発音にあたります。

④ o　オ　口を大きめに開け、口の奥から声を出すように発音します。

⑤ y　オ　唇をまるめ、つき出して発音します。

⑥ ө　ウ　唇をまるめ、「オ」と「ウ」の中間の発音をします。

⑦ ү　ウ　唇をまるめ日本語の「ウ」に近い発音をします。

長母音の発音

аа	ээ	ий	оо	уу	өө	үү
アー	エー	イー	オー	オー	ウー	ウー

例

аав	ээж	үүнийг	одоо	уул	хөдөө	дүү
アーウ	エージ	ウーニーグ	オドー	オール	フドゥー	ドゥー
父	母	これを	今	山	地方	弟

二重母音の発音

ай	ой	уй	үй
アェ	オェ	オィ	ウィ

母音の後に［и］がつくと［й］（ハガス）イ＝「半分のイ」となります。

例

сайн	ойр	уйлах	үйлдвэр
サェン	オェル	オィラフ	ウィルドゥウェル
よい	近い	泣く	工場

補助母音の発音

я	ё	е	ю	ы	й
ヤー	ヨー	イェー	ユー	イー	イ

例

ялаа	ёс	ес	юм	таны	хийх
ヤラー	ヨス	ユス	ユム	タニー	ヒーフ
ハエ	習慣	9	もの	あなたの	する

14

3 注意すべき発音

子音の発音

◆ [л] [p] 「エル」の発音は2つあります。

л
エル
舌を前歯の裏の歯茎のあたりにあてて、息を舌の両側から出すように発音。

дээл モンゴル服
デール

p
エル
日本語のラ行の発音で、さらに舌を強くふるわせて発音。

дээр 上
デール

◆ [б] [в] 混同しやすい文字です。

б
ベー
日本語のバ行の発音。

Хэн бэ？ だれですか？
ヘン　ベー

в
ウェー
ワ行に近い。フに近い発音になることもある。

Юу вэ? 何ですか？
ヨー　ウェ

◆ [x] 日本語のハ行の発音と似ていますが、少し違います。
へー 口の奥を大きく開けて、窓に息を吹きかけるときの
「ハー」に近い発音です。（語尾はのばしません）

хари<u>х</u>　帰る
ハリフ

◆ [г] ガ行の発音。
ゲー 男性語の語末で短母音がつくと発音が変わり、喉の
奥から「ガ」の音を出すように発音します。

ца<u>г</u>　時間　　ая<u>га</u>　茶碗
ツァグ　　　　アヤガ

（＊語末に母音がない場合は「ク」の発音にも聞こえる）

◆ [н] ナ行の発音。
エヌ 語末で短母音がつくものとつかないもので発音が違
います。

хаа<u>н</u>　王様 …… 舌の後部が持ち上がり、鼻にかか
ハーン　　　　　　　る鼻音 [ŋ]。
хаа<u>на</u>　どこ …… 舌の先が前歯の裏の歯茎あたりに
ハーン　　　　　　　つけて出す鼻音 [n]。

硬音符と軟音符の発音

◆ [ъ] [ь]　これらは記号でこれだけで発音することはなく、子音の後についてかすかな「イ」の発音をします。

ъ　ハトーギーン テムデグ　　　　Оръё　入ろう
　　（硬音符）　　　　　　　　　　オリー

ь　ズールニー テムデグ　　　　　хонь　羊
　　（軟音符）　　　　　　　　　　ホニ

4 アクセント

　モンゴル語のアクセントは単語の初め、第一節の母音にかかり、そこを強めに発音します。もし単語内に重母音があればそこに、重母音があっても長母音があればそこにアクセントがかかります。

長母音＞重母音＞第一節の母音　　＊「ийн・ын」を重母音とする

Монгол　　　　　　モンゴル
モンゴル

Монголын　　　　 モンゴルの
モンゴルリーン

Монголчууд　　　 モンゴル人たち
モンゴルチョードゥ

Монголчуудын　　モンゴル人たちの
モンゴルチョーディーン

基本文法

1 モンゴル語と日本語は似ている？

　モンゴル語は日本語の文法と似ています。日本語の語順と同じように単語を並べていけばいいので、日本人にとってマスターしやすい外国語です。また、助詞の使い方も日本語に相当して考えると理解しやすく、発音も一部を除いてはカナ読みでも通じるほどです。

モンゴル語の語順

例）
　私は　　明日　　　モンゴルに
　Би　маргааш Монгол руу
　ピー　マルガーシ　モンゴル　　ロー
　〈誰が〉〈いつ〉　　〈どこへ〉

　　先生の　　本を　持って 行きます。
　багшын номыг авч　явна.
　バグシーン　ノミーグ　アウチ　ヤウン
　〈誰の〉　　〈何を〉　〈どうする〉

2 男性語と女性語

　モンゴル語には男性語と女性語があり、単語に入る母音によって性が決まります。母音に男性母音、女性母音、中性母音の3つの種類があり、男性語には男性母音が、女性語には女性母音がきます。中性母音は男性母音と女性母音ともに併用されます。基本的に1つの単語の中では男性母音と女性母音は併用されないという母音調和の法則があります。（例外もあり）

	①男性母音②女性母音	中性母音	母音調和の例
①男性語	[a] [o] [y] ア　オ　オ [ы] [я] [ё] イー ヤー ヨー	[и] イ [й] (ハガス)イー [ю] ユー	男性母音のみ aaв（アーウ）父 男性母音＋中性母音 ажил（アジル）仕事
②女性語	[э] [θ] [ү] エ　ウ　ウ [e] イェー		女性母音のみ ээж（エージ）母 女性母音＋中性母音 охин（オヒン）娘 中性母音のみ чи（チー）君

【例】 -aac^4 ＝ [-aac, -ээc, -ooc, -θθc]
　　　アース　　　アース　エース　オース　ウース
　　　〜から・より（名詞の奪格語尾）

① aaв → aaвaac　② ээж → ээжээc　③ охин → охиноос
　アーウ　アーウァース　　エージ　エージェース　　オヒン　　オヒノース
　　父　　　父から　　　　母　　　母から　　　　娘　　　　娘から

3 名詞の格語尾

名詞類の後につき、母音調和によって語尾が変化します。

◆ 属格 ◆ 〜の （所属・所有）	-ын イーン -ийн イーン	モンゴル**の**　文化 Монгол**ын** соёл. モンゴリーン　ソヨル 家**の**　　前 Гэр**ийн** өмнө. ゲリーン　ウムヌ 【男性母音の後 -ын/ 女性母音の後 -ийн】
◆ 対格 ◆ 〜を 〜に （目的）	-ыг イーグ -ийг イーグ	この　シャツ**を**　買います。 Энэ цамц**ыг** авна. エン　ツァムツィグ　アウン 先生**を**　呼んで　います。 Багш**ийг** дуудаж байна. バグシーグ　　ドーダジ　　バェン 【男性母音の後 -ыг/ 男性母音 ж, ч, ш の後・女性母音の後 -ийг】
◆ 与位格 ◆ 〜に 〜で （対象・場所）	-д ドゥ -т トゥ	モンゴル**で**　会いましょう。 Монгол**д** уулзъя. モンゴルドゥ　　オールズィ 5時**に**　行きます。 Таван цаг**т** явна. タワン　ツァグトゥ　ヤウン 【г, р, с の後には -т】

◆ 造格 ◆ 〜で 〜によって （手段・方法）	-аар[4] アール -оор オール -ээр エール -өөр ウール	日本語で　　話してください。 Японоор　ярина уу. ヤポノール　　　ヤリノー 【長母音・二重母音の後 -гаар[4]/ и,ь の後 -иар[4]】
◆ 奪格 ◆ 〜から 〜より （起点・比較）	-аас[4] アース -оос オース -ээс エース -өөс ウース	これより　あれ　の方がいい。 Үүнээс　тэр　нь　илүү. ウーネース　　テル　　ニ　　イルー 【長母音・二重母音の後 -гаас[4]/ и,ь の後 -иас[4]】
◆ 方向格 ◆ 〜へ （方向）	руу[2] ロー рүү ルー	北側へ　　　歩きます。 Хойд зүг руу алхна. ホエドゥ　ズグ　ルー　アルハン 【前の単語末が р の時 -луу[2]】
◆共同格 ◆ 〜と （共同）	-тай[3] タェ -той トェ -тэй テー	彼は　　私と　　同い年です。 Тэр　надтай　нас чацуу. テル　　ナドゥタェ　　ナス　チャツォー

Part 1　モンゴル語について

4　人称代名詞と指示代名詞

	単数		複数	
1人称	私	**Би** ビー	私たち	**Бид** ビドゥ
2人称	君	**Чи** チー	君たち あなたたち	**Та нар** ター　ナル
	あなた	**Та** ター		
3人称	これ	**Энэ** エン	これら	**Эд** エドゥ
	それ・あれ 彼・彼女	**Тэр** テル	それら・あれら 彼ら・彼女ら	**Тэд** テドゥ

「あなたは…」と言うとき、親しい間柄だと「**Чи**（チー）君」という表現を使えばいいのですが、初対面や目上の人には「**Та**（ター）あなた」を使うことで尊敬を表すことができます。

5 人称代名詞と指示代名詞の格変化

	私	君 / あなた	これ / あれ・それ 彼・彼女
～の	миний ミニー	чиний/таны チニー　　タニー	үүний/түүний ウーニー　トゥニー
～を	намайг ナマェグ	чамайг/таныг チャマェグ　　タニーグ	үүнийг/түүнийг ウーニーグ　トゥーニーグ
～に	надад ナダドゥ	чамд / танд チャムドゥ　タンドゥ	үүнд / түүнд ウーンドゥ トゥーンドゥ
～で	надаар ナダール	чамаар/танаар チャマール　　タナール	үүгээр/түүгээр ウーゲール　トゥーゲール
～から	надаас ナダース	чамаас/танаас チャマース　　タナース	үүнээс/түүнээс ウーネース　トゥーネース
～へ	над руу ナドゥロー	чам руу/тан руу チャムロー　　タンロー	үүн руу/түүн руу ウーンルー　トゥーンルー
～と	надтай ナドゥタェ	чамтай/тантай チャムタェ　　タンタェ	үүнтэй/түүнтэй ウーンテー　トゥーンテー

6 基本文型

肯定文

~は~です
~ます

主語＋目的語＋動詞

私は　　モンゴルへ　　行きます。
Би　　**Монгол руу**　　**явна.**
ピー　　　　モンゴル　　　ロー　　　ヤウン

否定文

~ない
~ではない

【-гүй/биш】
　グィ　　ビシ

1. 私は　モンゴルへ　行きません。
   Би Монгол руу явахгүй.
   ピー　　モンゴル　　ロー　　ヤワフグィ

   【-гүй は動詞の語尾につきます。】

2. 私は　モンゴル人　ではないです。
   Би Монгол хүн биш.
   ピー　　モンゴル　　フン　　ビシ

   【биш は名詞・形容詞の後にきて、それを否定します。】

疑問文

～ますか？ ～ですか？	【-уу・-үү】【-юу・-юү】【-вэ・-бэ】
	オー　ウー　　ヨー　　ユー　　ウェ　ベー

Part 1 モンゴル語について

疑問詞のない文	1. あなたは　モンゴルへ　行きますか？ **Та Монгол руу явах уу?** ター　　モンゴル　　ロー　　ヤワホー 【「уу²?」は前の単語が長母音・二重母音以外の後にきます。】 2. あなたは モンゴルへ　行きませんか？ **Та　　Монгол руу　явахгүй юу?** ター　　　モンゴル　　ロー　　ヤワフグィ　　ヨー 【「юу²?」は前の単語が長母音・二重母音の後にきます。】
疑問詞のある文	3. いつ　モンゴルへ　　行きますか？ **Хэзээ Монгол руу　явах вэ?** ヘゼー　　モンゴル　　ロー　　ヤワフ　ウェ 【「л・м・н」の単語末には「-бэ?」、それ以外は「-вэ?」がきます。】

7 動詞の活用

　モンゴル語の動詞は仕組みも日本語と似ており、日本語の「する」が「した」「すれば」というように変化していきます。
「する」＝「хийх（ヒーフ）」→「хий-х」語尾が活用していきます。

現在・未来	～する	хийнэ ヒーネ	します
過去	～した	хийсэн ヒースン	しました
否定	～ない	хийхгүй ヒーフグィ	しません
疑問	～か？	хийх үү? ヒーフー	しますか？
現在進行	～している	хийж байна ヒージ　　バェン	しています
習慣	(いつも)～している	хийдэг ヒーデグ	しています
完了	～してしまう	хийчих ヒーチフ	してしまう
意志	～しよう	хийе ヒーイェー	しよう
仮定	～すれば	хийвэл ヒーウェル	すれば
願望	～したい	хиймээр байна ヒーメール　　バェン	したい
命令	――	хий ヒー	しろ

〜する -на[4] -х 現在・未来	彼は　行きます。 **Тэр явна.** テル　　ヤウン 彼は　行きません。 **Тэр явахгүй.** テル　　ヤワフグィ
〜した -сан[4] 過去形 -лаа[4] （近い過去）	彼は　行きました。 **Тэр　явсан.** テル　　　ヤウスン 彼は　さっき　行きました。 **Тэр сая явлаа.** テル　サイ　ヤウラー
〜している -ж(ч) бай- 現在進行形	彼は　今　行っています。 **Тэр одоо явж байна.** テル　オドー　ヤウジ　　バェン
（いつも） 〜している -лаг[4] 習慣	私は　いつも　独りで　行っています。 **Би　дандаа　ганцаараа　явдаг.** ビー　　ダンダー　　　ガンツァーラー　　ヤウダグ
〜してしまう -чих- 完了	彼は　行ってしまいました。 **Тэр　явчихсан.** テル　　　ヤウチフスン

Part 1　モンゴル語について

～しよう -я/-ё/-е 意志	まっすぐ　行きましょう。 Чигээрээ явъя. チゲーレー　　ヤウィー
～してください -на⁴ уу² （丁寧な依頼） -аарай⁴ （丁寧な指示）	あなたは　先に　行ってください。 Та түрүүлээд явна уу. タートゥルーレードゥ　ヤウノー あなたは　後で　行ってください。 Та дараа яваарай. ター　ダラー　　ヤワーラェ
～すれば -вал⁴ 仮定	彼が　行くなら　私は　行きます。 Тэр явбал би явна. テル　ヤウバル　ビー　ヤウン
～でしょう байх аа 推量	彼は　明日　行くでしょう。 Тэр маргааш явах байх аа. テル　　マラガーシ　　ヤワフ　　バェハー
～したい маар⁴ байна 願望	私は　行きたい　です。 Би явмаар байна. ビー　ヤウマール　　バェン

● 28 ●

〜してもいい -ж болно 許可	あなたは 行ってもいいです。 Та явж болно. <small>ター ヤウジ　ボルン</small>
〜しろ （動詞語幹） 命令	君は あっちへ 行け。 Чи тийшээ яв. <small>チー　ティーシェー　ヤウ</small>
〜できます -ж чадна 可能	私は　独りで　行くことが　できます。 Би　ганцаараа　явж　чадна. <small>ビー　　ガンツァーラー　　ヤウジ　　チャドゥン</small>
〜したことがある -ж байсан -ж үзсэн 経験	私は 行ったことが　あります。 Би　явж　　　　　байсан. <small>ビー　　ヤウジ　　　　　　バェスン</small> 私は 行って　みたことがあります。 Би　явж　үзсэн. <small>ビー　　ヤウジ　　ウズスン</small>

基本単語

1. 数字

Too
トー

1	нэг ネグ	11	арван нэг アルワン ネグ
2	хоёр ホョル	12	арван хоёр アルワン ホョル
3	гурав ゴラウ	13	арван гурав アルワン ゴラウ
4	дөрөв ドゥルウ	14	арван дөрөв アルワン ドゥルウ
5	тав タウ	15	арван тав アルワン タウ
6	зургаа ゾルガー	16	арван зургаа アルワン ゾルガー
7	долоо ドロー	17	арван долоо アルワン ドロー
8	найм ナェム	18	арван найм アルワン ナェム
9	ес ユス	19	арван ес アルワン ユス
10	арав アラウ	20	хорь ホリ

21	хорин нэг ホリン　ネグ		0	тэг/ноль テグ　ノェル
22	хорин хоёр ホリン　ホョル		100	зуу ゾー
30	гуч ゴチ		101	зуун нэг ゾーン　ネグ
31	гучин нэг ゴチン　ネグ		200	хоёр зуу ホョル　ゾー
40	дөч ドゥチ		300	гурван зуу ゴルワン　ゾー
50	тавь タウィ		1000	мянга ミャンガ
60	жар ジャル		2000	хоёр мянга ホョル　ミャンガ
70	дал ダル		2005	хоёр мянга тав ホョル　ミャンガ　タウ
80	ная ナイ		5000	таван мянга タワン　ミャンガ
90	ер ユル		10000	арван мянга アルワン　ミャンガ

Part 1

モンゴル語について

2. 月日・季節

Сар өдөр・Улирал
サル　ウドゥル　　オリラル

1月	**нэг сар** ネグ　サル	
2月	**хоёр сар** ホヨル　サル	
3月	**гурван сар** ゴルワン　サル	
4月	**дөрвөн сар** ドゥルウン　サル	
5月	**таван сар** タワン　サル	
6月	**зургаан сар** ゾルガーン　サル	
7月	**долоон сар** ドローン　サル	
8月	**найман сар** ナェマン　サル	
9月	**есөн сар** ユスン　サル	
10月	**арван сар** アルワン　サル	
11月	**арван нэгэн сар** アルワン　ネゲン　サル	
12月	**арван хоёр сар** アルワン　ホヨル　サル	

1月1日　**нэг сарын нэгэн**
ネグ　サリーン　ネゲン

* 「○月○日」の「○日」は数詞の「隠れた н（エヌ）」が付いて「өдөр（ウドゥル）＝日」は省略されます。

2日	**хоёрон** ホョロン
3日	**гурван** ゴルワン
10日	**арван** アルワン
15日	**арван таван** アルワン　タワン
31日	**гучин нэгэн** ゴチン　ネゲン
2日間	**хоёр өдөр** ホヨル　ウドゥル
3日間	**гурван өдөр** ゴルワン　ウドゥル

*「数詞＋өдөр（ウドゥル）＝日」は、「○日間」となります。
数量詞が付く場合は、数詞の語尾に「隠れた н（エヌ）」が付きます。
（1.2 と 1 の位の 2 は -н が付かない）

春	**хавар** ハワル
夏	**зун** ゾン
秋	**намар** ナマル
冬	**өвөл** ウブル

曜日のよび方

曜日のモンゴル語は口語で、チベット語は文語として使われています。チベット語で曜日を言う時は「даваа гариг（ダワーガリグ）＝月曜日」というように「гариг（ガリグ）＝曜日」をつけます。

	モンゴル語	チベット語
月曜日	нэг дэх өдөр ネグ　デフ　ウドゥル	Даваа ダワー
火曜日	хоёр дахь өдөр ホョル　ダヒ　ウドゥル	Мягмар ミャグマル
水曜日	гурав дахь өдөр ゴラウ　ダヒ　ウドゥル	Лхагва ラハグワ
木曜日	дөрөв дэх өдөр ドゥルウ　デフ　ウドゥル	Пүрэв プレウ
金曜日	тав дахь өдөр タウ　ダヒ　ウドゥル	Баасан バーサン
土曜日	хагас сайн өдөр ハガス　サェン　ウドゥル	Бямба ビャンバ
日曜日	бүтэн сайн өдөр ブテン　サェン　ウドゥル	Ням ニャム

休日　амралтын өдөр
　　　アムラルティーン　ウドゥル

祝日　баярын өдөр
　　　バイリーン　ウドゥル

一週間　нэг долоо хоног
　　　ネグ　ドロー　ホノグ

大晦日　битүүн
　　　ビトゥーン

新年　шинэ жил
　　　シン　ジル

旧正月　цагаан сар
　　　ツァガーン　サル

3. 時間

Цаг хугацаа
ツァグ　ホガツァー

1 時	**нэг цаг** ネグ　ツァグ
2 時	**хоёр цаг** ホヨル　ツァグ
3 時	**гурван цаг** ゴルワン　ツァグ
4 時	**дөрвөн цаг** ドゥルウン　ツァグ
5 時	**таван цаг** タワン　ツァグ
6 時	**зургаан цаг** ゾルガーン　ツァグ
7 時	**долоон цаг** ドローン　ツァグ
8 時	**найман цаг** ナェマン　ツァグ
9 時	**есөн цаг** ユスン　ツァグ
10 時	**арван цаг** アルワン　ツァグ
11 時	**арван нэгэн цаг** アルワン　ネゲン　ツァグ
12 時	**арван хоёр цаг** アルワン　ホヨル　ツァグ

10 分	**арван минут** アルワン　ミノートゥ
30 分	**гучин минут** ゴチン　ミノートゥ
半	**хагас** ハガス
55 分	**тавин таван минут** タウィン　タワン　ミノートゥ
5 分前	**таван минут дутуу** タワン　ミノートゥ　ドトー

*「今 "5 分前" です」といういい方

таван минутын өмнө
タワン　ミノーティーン　ウムヌ

*「 "5 分前後" に来る」といういい方

5 分後	**таван минутын дараа** タワン　ミノーティーン　ダラー
3 時頃	**гурван цагийн үед** ゴルワン　ツァギーン　ウィドゥ
6 時半	**зургаа хагас** ゾルガー　ハガス

*「○時半」は「Цаг (ツァグ) ＝時」が省略されます。

8:50	**найм тавь** ナェム　タウィ

*時間の省略したいい方

午前	**үдээс өмнө** ウデース　ウムヌ
午後	**үдээс хойш** ウデース　ホィシ

時間のよび方

昨日	今日	明日
өчигдөр	өнөөдөр	маргааш
ウチグドゥル	ウヌードゥル	マルガーシ
先週	今週	来週
өнгөрсөн долоо хоног	энэ долоо хоног	ирэх долоо хоног
ウングルスン ドロー ホノグ	エン ドロー ホノグ	イレフ ドロー ホノグ
先月	今月	来月
өнгөрсөн сар	энэ сар	ирэх сар
ウングルスン サル	エン サル	イレフ サル
昨年	今年	来年
өнгөрсөн жил	энэ жил	ирэх жил
ウングルスン ジル	エン ジル	イレフ ジル
過去	現在	未来
өнгөрсөн цаг	одоо цаг	ирээдүй цаг
ウングルスン ツァグ	オドー ツァグ	イレードゥィ ツァグ

イラストで学ぶモンゴル語
❶ 感情

怒る
уурлах
オールラフ

泣く
уйлах
オェラフ

笑う
инээх
イネーフ

悩む
шаналах
シャナラフ

考える
бодох
ボドフ

Part 2

日常会話のやさしいフレーズ

Lesson 1

あいさつ 1

出会いのあいさつ

● こんにちは。（お元気ですか？）
　Сайн байна уу?
　　サェン　　バェノー

● こんにちは。（元気です、お元気ですか？）
　Сайн. Сайн байна уу?
　　サェン　　サェン　　バェノー

> モンゴル語の「こんにちは」は「元気ですか？」という問いかけの意味でもあります。それに対して「元気です、元気ですか？」と答えて相手にも問いかけてください。「おはよう・こんばんは」等の日本的な挨拶はあまり使いません。いつでも「Сайн байна уу？（サェンバェノー）」でいいです。
> 「Сайн（サェン）＝良い」

Мэндчилгээ 1
メンドチルゲー　ネグ

- 皆さん、こんにちは。
  Сайн байцгаана уу?
  サェン　　バェツガーノー

- お体はいいですか？
  Таны бие сайн уу?
  タニー　ビィ　サェノー

- 最近どうですか？
  Сонин сайхан юу байна?
  ソニン　　サェハン　ヨー　バェン

- 相変わらずです。
  Юмгүй тайван.
  ヨムグィ　　タェワン

- おはよう。（よく眠れましたか？）
  Сайхан амарсан уу?
  サェハン　　アマルスノー

- お休みなさい。（ゆっくり休んでください。）
  Сайхан амраарай.
  サェハン　　アムラーラェ

Lesson 2

あいさつ2

Track 4

別れのあいさつ

● さようなら。
　Баяртай.
　バィルタェ

● では、また明日。
　За, маргааш уулзъя.
　ザー　マルガーシ　オールズィー

「За（ザー）」は「では、〜」という日本語の表現と同じように、話の切り出しで使います。また、「はい、そうですね」と返事の意味もあり、この「ザー」はよく使われます。何か聞かれてそれに答える場合は「ザー」とひとこと返しましょう。それで OK したことになります。

Мэндчилгээ 2
メンドチルゲー　　　ホョル

Part 2

日常会話のやさしいフレーズ

- また今度、さようなら。
  Дараа уулзатлаа, баяртай.
  ダラー　　オールザトゥラー　　バィルタェ

- よい週末を。
  Амралтын өдрөө сайхан өнгөрүүлээрэй.
  アマラルティーン ウドゥルー　サェハン　　ウングルーレーレー

- 道中お気をつけて。
  Замдаа сайн яваарай.
  ザムダー　　サェン　　ヤワーラェ

- ご家族によろしく。
  Гэрийхэндээ мэнд дамжуулаарай.
  ゲリーヘンデー　　　メンドゥ　　ダムジョーラーラェ

- 私を忘れないでください。
  Намайг битгий мартаарай.
  ナマェグ　　　ピトゥギー　　マルターラェ

- 私はあなたのことを忘れません。
  Би чамайг мартахгүй.
  ビー　チャマェグ　　マルタフグェ

●41●

Lesson 3　お礼

- ありがとう。
  Баярлалаа.
  バィルッラー

- どういたしまして。
  Зүгээр, зүгээр.
  ズゲール　　ズゲール

> モンゴル人は日本人ほど「ありがとう」を言う習慣がありません。あまり言い過ぎると相手に変に思われるかもしれません。「За（ザー）＝どうも」と声をかけるだけでいいでしょう。／「ありがとう＝Баярлалаа.（バィルララー）」と表記しますが、発音は「バィルッラー」となります。

Талархал
タラルハル

- とても感謝しています。
  Танд их талархаж байна.
  タンドゥ イフ　タラルハジ　バェン

- このご恩は忘れません。
  Таны ач тусыг мартахгүй.
  タニー　アチ トスィーグ　マルタフグェ

- とても助かりました。
  Та их тус боллоо.
  ター イフ トス　ボルロー

- とてもうれしいです。
  Маш их баяртай байна.
  マシ　イフ　バヤルタェ　バェン

- 成功を祈って！ ＊乾杯の席で
  Сайн сайхны төлөө!
  サェン　サェハニー　トゥルー

- 健康を祈って！ ＊乾杯の席で
  Эрүүл энхийн төлөө!
  エルール　エンヒーン　トゥルー

Lesson 4

おわび

- ごめんなさい。
  Уучлаарай.
  オーチラーラェ

- かまいません。
  Зүгээр ээ.
  ズゲーレー

> 「Зүгээр（ズケール）」=「かまいません、大丈夫です」という意味ですが、「Зүгээр, зүгээр.」と2回繰り返す表現の方がソフトです。
> モンゴル人に足を踏まれたりした時、相手は握手をしてきたり、触れてきます。それはモンゴル流の挨拶なので変な誤解をしないように。

Уучлалт гуйх
オーチラルトゥ　　ゴィフ

● 申し訳ありません。
Хүлцэл өчье.
フルツェル　ウチー

● 遅れてきてすみません。
Оройтчихлоо. Уучлаарай.
オロェトゥチフロー　　オーチラーラェ

● 私が悪かったのです。
Миний буруу.
ミニー　　ボロー

● 本当に悪いことをしました。
Үнэхээр буруу юм хийлээ.
ウネヘール　　ボロー　　ユム　　ヒーレー

● 気にしないでください。
Санаа зовох хэрэггүй.
サナー　　ゾウォフ　　ヘレッグェ

● 気を悪くさせてしまいました。
Эвгүй юм болчихлоо.
エウグィ　ユム　　ボルチフロー

Lesson 5

自己紹介

- お名前は何とおっしゃいますか？
  Таны нэр хэн бэ?
  タニー　ネル　ヘン　ベー

- 私の名前は山田みかです。
  Миний нэр Ямада Мика.
  ミニー　ネル　ヤマダ　ミカ

> 「Танилцъя（タニルツィー）」=「はじめまして、知り合いになりましょう」という意味です。自己紹介する前に付け加えたりします。「-я（ヤー）」=「～しましょう」（意志）「タニルツヤー」とも発音する。/ 外国人の名前は覚えにくいので言う時ははっきりと、相手に名前を覚えてもらうために自分の名前をモンゴル語で書けるようにしておくといいですね。

Өөрийгөө танилцуулах
ウーリーグー　　　　タニルツォーラフ

● はじめまして。
Танилцъя.
タニルツィー

● 私をみかと呼んでください。
Намайг Мика гээрэй.
ナマェグ　　　ミカ　　　ゲーレー

● 私は日本人です。
Би Япон хүн.
ピー　　ヤポン　　フン

● 私は旅行者です。
Би жуулчин.
ピー　　ジョールチン

● 日本から来ました。
Би Японоос ирсэн.
ピー　　ヤポノース　　　イルスン

● 東京で生活しています。
Токиод амьдардаг.
トーキョードゥ　アミダルダグ

Part 2

日常会話のやさしいフレーズ

● 47 ●

Lesson 6

友達になる

- ご紹介します。
  Танилц.
  タニルツ

- 彼女は友達の山田みかさんです。
  Энэ миний найз Ямада Мика.
  エン　ミニー　ナェズ　ヤマダ　ミカ

> 「амьдардаг（アミダルダグ）＝住んでいる」の「-даг⁴」は「いつも～している」と習慣を表します。／モンゴル人はとても人なつっこい民族です。初めは人見知りをしていても彼らは積極的なので、すぐうち解けられます。知り合ったばかりでも、もうすぐに友達です。

Найз болох
ナェズ　　　ボロフ

● 私はムンフーと申します。
Намайг Мөнхөө гэдэг.
ナマェグ　　　ムンフー　　　ゲデグ

● 私はこのマンションに住んでいます。
Би энэ байранд амьдардаг.
ビー　エン　　バェランドゥ　　アミダルダグ

● お知り合いになれてうれしいです。
Тантай танилцсандаа баяртай байна.
タンタェ　　　タニルツスンダー　　　バィルタェ　　バェン

● あなたは日本に行ったことがありますか？
Та Японд очиж үзсэн үү?
ター　ヤボンドゥ　　オチジ　　ウズスヌー

● あなたの住所を書いてください。
Та хаягаа бичиж өгнө үү.
ター　ハイガー　　・　ビチジ　　　ウグヌー

● 知り合えてよかったです。
Сайхан танилцлаа.
サェハン　　　タニルツラー

Lesson 7

再会

- お元気でしたか？
  Сайн сууж байв уу?
  サェン　ソージ　バェウォー

- お久しぶりですね。
  Уулзалдаагүй удсан байна шүү.
  オールザルダーグィ　オドゥスン　バェン　シュー

> 再会はとても嬉しいものです。自分の日本でのことを話すきっかけに、家族の写真等お土産といっしょにあげるのもいいと思います。「шүү²(シュー)＝〜ですよ」と文末の助詞に使われ、相手に自分の気持ちを伝える時につける断定的な言い方です。

50

Дахин уулзах
ダヒン　　オールザフ

- ご家族はお元気ですか？
  Танайхан сайн уу?
  タナェハン　　サェノー

- 皆、元気です。
  Бүгд сайн.
  ブグドゥ　サェン

- 私を覚えていますか？
  Намайг санаж байна уу?
  ナマェグ　　サナジ　　バェノー

- やっとお会いできました。
  Арай гэж уулзалдлаа шүү.
  アラェ　ゲジ　オールザルドゥラー　シュー

- とても会いたかったのですよ。
  Их уулзмаар байсан шүү.
  イフ　オールズマール　　バェスン　シュー

- これは日本のお土産です。
  Энэ Японы бэлэг.
  エン　ヤポニー　　ベレグ

Part 2

日常会話のやさしいフレーズ

● 51 ●

Lesson 8

誘う

- では、行きますか？
  За, явах уу?
  ザー　ヤワホー

- あそこで食べましょう。
  Тэнд идье.
  テンドゥ イディー

> 行きたいところがあれば自分から誘ってみましょう。おごってもらったらおごってあげるといいです。お互いさまです。でもモンゴル人には「おごってもらってありがとう」とお礼を言う習慣はあまりないようなので、おごってあげてお礼を言わないからといって腹を立てないように。「ごちそうさま」＝「Сайхан хооллолоо」（サェハン ホールローロー）という言葉をかけたりはします。

Урих
オリフ

Part 2 日常会話のやさしいフレーズ

● 一緒に食事に行きませんか？
Хамт хоолонд орохгүй юу?
ハムトゥ ホーロンドゥ オロフグィ ヨー

● コンサートに行きませんか？
Концерт үзэхгүй юү?
コンツェールトゥ ウゼフグィ ユー

● 午後2時に会いましょう。
Үдээс хойш хоёр цагт уулзья.
ウデース ホェシ ホョル ツァグトゥ オールズィー

● 私の家に遊びにいらしてください。
Манайд очоорой.
マナェドゥ オチョーロェ

● 日曜日は空いていますか？
Бүтэн сайн өдөр завтай юу?
ブテン サェン ウドゥル ザウタェ ヨー

● 家に夕食を食べにいらっしゃいませんか？
Манайд ирж оройн хоол идэхгүй юм уу?
マナェドゥ イルジ オロェン ホール イデフグィ ユモー

● 53 ●

Lesson 9

返事

- いいです。(OK)
  Болно.
  ボルン

- だめです。
  Болохгүй.
  ボロフグィ

「はい」は Тийм（ティーム）とも言い、「違います」=「Үгүй（ウグェ）」、「大丈夫」=「Зүгээр（ズゲール）」という答え方もあります。/「もちろん～です」=「-лгүй яах вэ」（断定）→「Мэдэлгүй яах вэ（メデルグィ ヤフ ウェ）= もちろん知ってます・知らないでどうするの」/「Тийм биш（ティーム ビシ）= そうではない」（肯定を否定）

Хариулах
バリオラフ

- はい。
  За.
  ザー

- いいえ。
  Үгүй.
  ウグィ

- もちろんです。
  Мэдээж.
  メデージ

- そうです。
  Тийм.
  ティーム

- 違います。
  Тийм биш.
  ティーム　ビシ

- 大丈夫です。
  Дажгүй.
  ダジグェ

Lesson 10

肯定・否定

- あります。
  Байна.
  バェン

- ありません。
  Байхгүй.
  バェフグィ

「-тай³（タェ）＝〜ある・もつ」・「-гүй（グイ）＝〜ない・いない」と名詞や動詞の語尾に付き、意味が変わります。「-тай³」は「〜と一緒に」という意味もありますが、また使い方が違いますので混同しないように。／内モンゴルで「хамааргүй（ハマーグィ）」は「大丈夫」という意味なので気をつけてください。

Батлах · Үгүйсгэх
バトゥラフ　　　　ウグイスゲフ

● わかりました。
Ойлголоо.
オェルゴロー

● わかりません。
Ойлгосонгүй.
オェルゴスングェ

● 知っています。
Мэднэ.
メドゥン

● 知りません。
Мэдэхгүй.
メデフグェ

● 関係あります。
Хамаатай.
ハマータェ

● 関係ありません。
Хамаагүй.
ハマーグェ

Part 2

日常会話のやさしいフレーズ

Lesson 11

希望

Track 13

- 行きたいです。
  Явмаар байна.
  ヤウマール　バェン

- 何か食べたいです。
  Юм идмээр байна.
  ユム　イドゥメール　バェン

「-маар⁴ байна（マール バェン）＝〜したいです」は動詞の語尾につき、希望・願望を表します。動詞の母音調和により「-маар・-моор・-мээр・-мөөр」と４つに変化します。／「тантай（タンタェ）」の「-тай³（タェ）＝〜と」は名詞の格語尾（共同）→「-тай・-той・-тэй」と変化。

Хүсэл
フセル

Part 2 日常会話のやさしいフレーズ

● 映画を見たいです。
Кино үзмээр байна.
キノー ウズメール バェン

● 休みたいです。
Амармаар байна.
アマルマール バェン

● アクセサリーを買いたいです。
Гоёл чимэглэл авмаар байна.
ゴイル チメグレル アウマール バェン

● 散歩がしたいです。
Салхилмаар байна.
サルヒルマール バェン

● あなたに会いたいです。
Тантай уулзмаар байна.
タンタェ オールズマール バェン

● あなたと一緒にいたいです。
Тантай хамт баймаар байна.
タンタェ ハムトゥ バェマール バェン

● 59 ●

Lesson 12

お願い

- もう一度言ってください。
  Дахиад нэг хэлнэ үү.
  ダヒアドゥ　ネグ　ヘルヌー

- ゆっくり話してくれませんか。
  Арай удаанярихгүй юу.
  アラェ　オダーン　ヤリフグィ　ヨー

> 「өгөх（ウグフ）＝あげる」、「-ж өгөх үү?（ウグフー）＝〜してもらえますか?」という意味になり、「хүсэж байна（フセジ バェン）」は「お願いします」と願望を表します。／「〜してください」とお願いする表現
> ①「өгнө үү（ウグヌー）」　②「өгөөч（ウグーチ）」　②は①より丁寧の度合が下がります。

Хүсэлт
フセルトゥ

- ここに書いてね。
 Энд бич дээ.
 エンドゥ ビチ デー

- ひとつお願いがあります。
 Нэг гуйх юм байна.
 ネグ ゴェフ ユム バエン

- 私のお願いを聞いてもらえますか？
 Миний гуйлтыг биелүүлж өгөх үү?
 ミニー ゴィルティーグ ビィルールジ ウグフー

- 手伝ってくれますか？
 Надад туслах уу?
 ナダドゥ トスラホー

- ここに手をふれないようにお願いします。
 Энд гар хүрэхгүй байхыг хүсье.
 エンドゥ ガル フレフグィ バェヒーグ フスェー

- 一緒についてきてください。
 Хамт явж өгөөч.
 ハムトゥ ヤウジ ウグーチ

● 61 ●

Lesson 13

呼びかけ

Track 15

- ねえ、ちょっと。
  Хүүе.
  フーイ

- すみません。
  Уучлаарай.
  オーチラーラェ

> 人を呼ぶ時は語尾の母音をのばして呼びます。自分より年上の人に対しては「名前＋お兄さん（お姉さん）」と呼ぶと「〜さん」という意味になり、親しみも出ます。例：スレンさん（年上の男性）＝「Сүрэн ах аа（スレン アハー）＝スレン兄さん」他に「〜гуай（ゴアェ）」は敬意を表します。また、「Хүүе（フーイ）＝ねえ、ちょっと」の後にも「Ах аа（アハー）＝お兄さん」などと付け加える方がいいです。

Дуудах
トーダフ

- お兄さん。
  Ax aa.
  アハー

- お姉さん。
  Эгч ээ.
  エグチェー

- 君。
  Миний дүү.
  ミニー　ドゥー

- ムンフー。　＊モンゴル人の名前
  Мөнхөө.
  ムンフー

- ウェイトレスさん。
  Үйлчлэгч ээ.
  ウィルチレクチェー

- 運転手さん。
  Жолооч оо.
  ジョローチョー

Part 2

日常会話のやさしいフレーズ

● 63 ●

Lesson 14

たずねる 1

- 何ですか？
  Юу вэ?
  ヨー　ウェ

- どこですか？
  Хаана вэ?
  ハーン　ウェ

> 「бэ?（ベー）」「вэ?（ウェ）」の使い方の違い：前の単語末が「н・м・л・в」で終わる場合「бэ?」がつき、それ以外は全部「вэ?」がつきます。
> =【"н・м・л・в" + бэ?」→その他 + вэ?】/「何・どこ・いつ」などの疑問代名詞には他に「ямар（ヤマル）」=「どんな・なんて」〈例〉「Ямар үнэтэй вэ?（ヤマル ウンテー ウェ）」=「いくら？（どんな高いものですか？）」

Асуух 1
アソーフ　ネグ

- いつですか？
  Хэзээ вэ?
  ヘゼー　ウェ

- だれですか？
  Хэн бэ?
  ヘン　ベー

- なぜですか？
  Ягаад вэ?
  ヤーガードゥ ウェ

- いくつですか？
  Хэд вэ?
  ヘドゥ　ウェ

- どれですか？
  Аль вэ?
  アリ　ウェ

- どうしましたか？
  Яасан бэ?
  ヤースン　ベー

Part 2
日常会話のやさしいフレーズ

Lesson 15

たずねる２

- ちょっとおたずねします。
  Танаас нэг юм асууя.
  タナース　ネグ　ユム　アソーイ

- これはどうやって使いますか？
  Үүнийг яаж хэрэглэх вэ?
  ウーニーグ　ヤージ　ヘレグレフ　ウェ

> 「уу?」「үү?」の使い方の違い：前の単語に母音の「а・о・у」（男性母音）がある場合「уу?」となり、母音「э・ө・ү」（女性母音）をもつ単語、「и・ий」（中性母音）のみをもつ単語には「үү?」の疑問詞がつきます。
> ＝【「а・о・у」＋ уу?・「э・ө・ү・и・ий」＋ үү?】

Асуух 2
アソーフ　ホヨル

- 知っていますか？
  Мэдэх үү?
  メデフー

- どういう意味ですか？
  Ямар утгатай вэ?
  ヤマル　オトゥガタェ　ウェ

- 暇はありますか？
  Та завтай байна уу?
  ター　ザウタェ　バェノー

- 今日は仕事ですか？
  Өнөөдөр ажилтай юу?
  ウヌードゥル　アジルタェ　ヨー

- 食事はしましたか？
  Хоолоо идсэн үү?
  ホーロー　イデスヌー

- 行けるということですか？
  Явж чадна гэсэн үг үү?
  ヤウジ　チャドゥン　ゲスン　ウグー

Lesson 16

相手にたずねる

- あなたは何才ですか？
  Та хэдэн настай вэ?
  ター　ヘドゥン　　ナスタェ　ウェ

- 23才です。
  Хорин гурван настай.
  ホリン　　ゴルワン　　ナスタェ

> モンゴルの血液型は「〜番目」という表現をし、1〜4番まであります。
> 1番目＝ Нэгдүгээр（ネグドゥゲール）→ O型 / 2番目＝ хоёрдугаар（ホョルドガール）→ A型 / 3番目＝ гуравдугаар（ゴラウドガール）→ B型 / 4番目＝ дөрөвдугаар（ドゥルゥドガール）→ AB型。（B型が多いです。）

Асуулт тавих
アソールトゥ　タウィフ

● 質問してもいいですか？
Юм асууж болох уу?
ユム　アソージ　ボロホー

● どんなお仕事をしているのですか？
Та ямар ажил хийдэг вэ?
ター　ヤマル　アジル　ヒーデグ　ウェ

● 仕事はお忙しいですか？
Ажил ихтэй юү?
アジル　イフテー　ユー

● どちらに住んでいますか？
Та хаана амьдардаг вэ?
ター　ハーン　アミダルダグ　ウェ

● 車は運転できますか？
Та машин барьж чадах уу?
ター　マシーン　バリジ　チャダホー

● あなたの血液型は何ですか？
Таны цусны бүлэг хэд вэ?
タニー　ツォスニー　ブレグ　ヘドゥ ウェ

● 69 ●

Lesson 17

家族について

- ご家族は何人ですか？
  Танайх хэдүүлээ вэ?
  タナェフ　ヘドゥーレー　ウェ

- 父・母・兄・妹・私の5人です。
  Аав, ээж, ах, охин дүү, надтай тавуулаа.
  アーウ　エージ　アハ　オヒン　ドゥー　ナドゥタェ　タウォーラー

> 「-тай（タェ）=〜をもつ」：「Хүүхэдтэй（フーヘドゥテー）=子持ち」「Гэр бүлтэй（ゲルブルテー）=家族持ち」〈例〉彼氏・彼女がいる=「Найзтай（ナェズタェ）」・恋人がいる=「Сэтгэлтэй хүнтэй（セトゥゲルタェ フンテー）」/「姉=эгч（エグチ）・弟=дүү（ドゥー）」

Гэр бүлийн тухай

- 子供はいますか？
  Та хүүхэдтэй юу?

- 子供は２人います。
  Хоёр хүүхэдтэй.

- 子供はいません。
  Хүүхэдгүй.

- あなたは結婚していますか？
  Та гэр бүлтэй юу?

- 私は結婚しています。
  Би гэр бүлтэй.

- 今のところ独身です。
  Одоохондоо ганц бие.

Lesson 18

電話

- もしもし。　＊かける側
  Байна уу?
  バェノー

- もしもし。　＊受けた側
  Байна.
  バェン

「います= Байна(バェン)」/「～ гэж дамжуулчихаарай (ゲジ ダムジョールチハーラェ) =～とお伝えください」/ 電話は相手が見えないだけに通じにくいものです。自分が日本人だということを伝えてから話をした方が相手に不信感をもたれにくく、通じやすいでしょう。

Утсаар ярих

オトゥサール　ヤリフ

- だれと話しますか？
  Хэнтэй ярих уу?
  ヘンテー　　　ヤリホー

- ムンフーをお願いします。
  Мөнхөөтэй ярья.
  ムンフーテー　　　ヤリー

- どちらさまですか？
  Та хэн бэ?
  ター　ヘン　　ベー

- ちょっとお待ちください。
  Түр хүлээж байгаарай.
  トゥル　　フレージ　　　バェガーラェ

- 彼は外出中です。
  Тэр гадагшаа гарсан.
  テル　　ガダグシャー　　　ガルスン

- 私に電話するようにお伝えください。
  Над руу яриарай гэж дамжуулж өгнө үү.
  ナドゥ　ロー　　ヤリァラェ　　ゲジ　　ダムジョールジ　　ウグヌー

Lesson 19

お祝い

● おめでとう。
　Баяр хүргэе!
　バィル　フルギー

● お誕生日おめでとう。
　Төрсөн өдрийн баяр хүргэе!
　トゥルスン　ウドゥリーン　バィル　フルギー

> モンゴルのお正月は旧暦でお祝いします。「Амар сайн байна уу?（アマル サェン バェノー）＝あけましておめでとう」は「お元気ですか？」という意味の新年の挨拶です。「Амар（アマル）＝平安」という意味。年賀状などの挨拶文には「Сар шинийн мэнд хүргэе!（サル シニーン メンド フルギー）＝新年おめでとう」と書きます。

Баяр хүргэх
バイル　　　フルゲフ

● 新年おめでとう。　＊元旦
Шинэ жилийн мэнд хүргэе!
シン　　ジリーン　メンドゥ　フルギー

● あけましておめでとう。　＊旧正月
Амар сайн байна уу?
アマル　　サェン　　バェノー

● 入学おめでとう。
Сургуульд орсонд баяр хүргэе!
ソルゴーリドゥ　オルソンドゥ　バィル　フルギー

● ご結婚おめでとう。
Гэр бүл болсонд баяр хүргэе!
ゲル　ブル　ボルスンドゥ　バィル　フルギー

● ご出産おめでとう。
Хүүхэдтэй болсонд баяр хүргэе!
フーヘドゥテー　　ボルスンドゥ　バィル　フルギー

● お幸せに。
Аз жаргал хүсье.
アズ　ジャルガル　フスィー

Lesson 20

可能・不可能

- できますか？
  Чадах уу?
  チャダホー

- できます。
  Чадна.
  チャドゥン

「ярих（ヤリフ）＝話す」が活用して、「ярьж（ヤリジ）＝話して」「чадах（チャダフ）できる」＋「-уу?（オー）〜か？」＝できますか？「ярьдаг уу?（ヤリダゴー）＝話せますか？」という表現もあります。「ойлгох（オェルゴホ）＝理解する」

Чадах · Чадахгүй
チャダフ　　　　チャダフグイ

● できません。
Чадахгүй.
チャダフグェ

● あなたは日本語を話すことができますか？
Та Японоор ярьж чадах уу?
ター　　ヤポノール　　ヤリジ　　チャダホー

● 少しできます。
Бага зэрэг чадна.
バガ　　ゼレグ　　チャドゥン

● モンゴル語はわかりますか？
Монголоор ойлгох уу?
モンゴロール　　　　オェルゴホー

● 日曜日に会えますか？
Бүтэн сайн өдөр уулзаж чадах уу?
ブテン　　サェン　　ウドゥル　オールザジ　チャダホー

● 月曜日なら会えます。
Даваа гаригт бол уулзаж болно.
ダワー　　ガリグトゥ　ボル　　オールザジ　　ボルン

Part 2

日常会話のやさしいフレーズ

● 77 ●

Lesson 21

好き・嫌い

Track 23

- 好きですか？
  Дуртай юу?
  ドルタェ　ヨー

- 嫌いですか？
  Дургүй юу?
  ドルグィ　ヨー

「биш」は「〜ではない」という意味で前の名詞・形容詞を否定する時に使います。〈例〉「おいしくない」=「Амттай биш（アムトゥタェ ビシ）」/モンゴルの冬は氷点下と寒いですが、お正月など楽しいこともあり、好きな人が多いです。春は砂嵐で天候不順等、好まれない季節のようです。

Дуртай · Дургүй

● 何が好きですか？
Юунд дуртай вэ?

● モンゴルのお酒が好きです。
Монгол архинд дуртай.

● 子供が好きです。
Хүүхдэд хайртай.

● 何が嫌いですか？
Юунд дургүй вэ?

● 虫類が嫌いです。
Хорхой шавьжинд дургүй.

● 春はそれほど好きではないです。
Хаварт тийм ч дуртай биш.

Lesson 22

天気

- 今日の天気はどうですか？
 Өнөөдөр цаг агаар ямар байх бол?
 ウヌードゥル　ツァグ アガール　ヤマル　バェフ　ボル

- 雨でしょう。
 Бороотой гэсэн.
 ボロートェ　　ゲスン

> 「女心と秋の空」と日本で言われますが、モンゴルでは春を指します。春の天気は晴れているかと思うと急に強風が吹き、ヒョウが降って来るなど、それを"気分の変わりやすい人"に例えられています。夏は日が照ると暑いですが、乾燥していて日陰は涼しいので、過ごしやすいです。

Цаг уур
ツァグ　オール

● いい天気ですね。
Тэнгэр сайхан байна шүү.
テンゲル　　サェハン　　バェン　　シュー

● 暑いです。
Халуун байна.
ハローン　　バェン

● 寒いです。
Хүйтэн байна.
フイトゥン　　バェン

● 風が強いです。
Хүчтэй салхитай байна.
フチテー　　サルヒタェ　　バェン

● 雨が降っています。
Бороо орж байна.
ボロー　　オルジ　　バェン

● 雨がやみました。
Бороо намдлаа.
ボロー　　ナムドゥラー

● 81 ●

Lesson 23

許可・禁止

- これを見てもいいですか？
  Үүнийг үзэж болох уу?
  ウーニーグ　ウゼジ　ボロホー

- たばこを吸ってもいいですか？
  Тамхи татаж болох уу?
  タムヒ　タタジ　ボロホー

「動詞 + -ж болох уу?（ジ ボロホー）= 〜してもいいですか？（許可）」/「Битгий（ビトゥギー）」+ 動詞 =「〜しないように（願望）」/ 兄弟喧嘩 = ах дүүгийн хэрүүл（アハ ドゥーギーン ヘルール）/ 夫婦喧嘩 = эхнэр нөхрийн хэрүүл（エフネル ヌフリーン ヘルール）

Зөвшөөрөх · Хориглох
ズウシュールフ　　　　ホリグロフ

● 一緒に行ってもいいですか？
Хамт явж болох уу?
ハムトゥ ヤウジ　　　ボロホー

● 触ってみてもいいですか？
Барьж үзэж болох уу?
バリジ　　　ウゼジ　　　ボロホー

● ここでゴミを捨てないで。
Энд хог битгий хая.
エンドゥ ホグ　　ビトゥギー　　ハイ

● ここでたばこを吸わないでください。
Энд тамхи битгий татаарай.
エンドゥ タムヒ　　ビトゥギー　　タターラェ

● ここで写真を撮らないでください。
Энд зураг авч болохгүй шүү.
エンドゥ ゾラグ　アウチ　ボロフグィ　シュー

● 喧嘩をしないでください。
Битгий муудалцаад бай.
ビトゥギー　モーダルツァードゥ　バェ

Lesson 24

気持ち

- うれしいです。
  Баяртай байна.
  バィルタェ　バェン

- 楽しいです。
  Хөгжилтэй байна.
  フグジルテー　バェン

「баяр（バィル）＝喜び」→「баяртай（バィルタェ）＝嬉しい」・「зугаа（ゾガー）＝楽しみ」→「зугаатай（ゾガータェ）＝楽しい」と単語末に「＋-тай³（〜がある）」がつくことで新しい形容詞になります。
大草原の中にいると人の心は素直な気持ちになれるような気がします。

Сэтгэл санаа
セトゥゲル　　サナー

● 満足です。
Сэтгэл хангалуун байна.
セトゥゲル　　ハンガローン　　バェン

● 恥ずかしいです。
Ичмээр байна.
イチメール　　バェン

● 辛いです。
Хэцүү байна.
ヘツー　　バェン

● 悲しいです。
Гунигтай байна.
ゴニグタェ　　バェン

● あなたを気に入っています。
Чи надад таалагдаж байна.
チー　ナダドゥ　　ターラグダジ　　バェン

● あなたを愛しています。
Би чамд хайртай.
ビー チャムドゥ ハェルタェ

Part 2

日常会話のやさしいフレーズ

Lesson 25

とっさの表現

- そうなの？
  Тийм үү?
  ティームー

- 本当？
  Нээрээ юү?
  ネーレー　ユー

> 「гайхах（ガェハフ）＝驚く」＋「-лаа（ラー）」→「гайхлаа（ガェフラー）＝驚いた！」（近い過去）／「мартах（マルタフ）＝忘れる」＋「-чих（チフ）＝〜してしまう」＋「-лаа（ラー）」→「мартчихлаа（マルトゥチフラー）＝忘れてしまった」（完了）／「мартсан（マルトゥスン）＝忘れた」（過去）

Хэллэг
ヘルレグ

- すごい！　＊上手
  Мундаг!
  モンダグ

- なるほど。
  Аан, зөв зөв.
  アーン　ズウ　ズウ

- すばらしい！
  Гайхалтай!
  ガェハルタェ

- びっくりした。
  Гайхлаа шүү дээ.
  ガェフラー　シュー　デー

- 冗談です。
  Тоглосон юм.
  トグロソン　ユム

- 忘れてしまいました。
  Мартчихлаа.
  マルトゥチフラー

Part 2

日常会話のやさしいフレーズ

87

Lesson 26

時 間

● 何時ですか？
　Хэдэн цаг болж байна вэ?
　ヘドゥン　ツァグ　ボルジ　バェナ　ウェ

● 9 時です。
　Есөн цаг.
　ユスン　ツァグ

> 「7」＝долоо（ドロー）→「7時」＝ долоон цаг（ドローン ツァグ）数詞の後に数量詞が来ると、数詞に「隠れた -н」が付いて発音されます。その他、単独で数字をいう時や月日の「日」を表すときに「隠れた -н」が付きます。
> /орчим（オルチム）＝「およそ、〜ぐらい」

Цаг
ツァグ

● 何時間かかりますか？
Хэдэн цаг зарцуулах вэ?
ヘドゥン　ツァグ　ザルツォーラフ　ウェ

● 4 時間ぐらいでしょう。
Дөрвөн цаг орчим болох байх.
ドゥルウン　ツァグ　オルチム　ボロホ　バェフ

● 6 時に起こしてください。
Зургаан цагт сэрээгээрэй.
ゾルガーン　ツァグトゥ　セレゲーレー

● 7 時に出発します。
Долоон цагт хөдөлнө.
ドローン　ツァグトゥ　フドゥルン

● 何時に着きますか？
Хэдэн цагт хүрэх вэ?
ヘドゥン　ツァグトゥ　フレフ　ウェ

● 3 時半に着きます。
Гурав хагаст хүрнэ.
ゴラウ　ハガストゥ　フルン

● 89 ●

Lesson 27

月日・曜日

- 今日は何日ですか？
  Өнөөдөр хэдэн бэ?
  ウヌードゥル　ヘドゥン　ベー

- 2日です。
  Хоёрон.
  ホョロン

> 日は「өдөр（ウドゥル）」ですが、「〜月〜日」という場合は省略でき、日にち（数詞）の語尾に「隠れた -н」をつけます。〈例〉1 = нэг（ネグ）→ 1日 = нэгэн（ネゲン）/ 月は「-дугаар² （ドガール）＝〜番目の」という表現も用いられます。〈例〉нэгдүгээр сар（ネグ ドゥゲール サル）＝ 1月

Сар Өдөр · Гариг

明日は何曜日ですか？
Маргааш хэд дэх өдөр вэ?

水曜日です。
Гуравдахь өдөр.

何日まで滞在ですか？
Хэдэн хүртэл байх вэ?

13日まで。
Арван гурван хүртэл.

何月何日ですか？
Хэдэн сарын хэдэн бэ?

7月11日です。
Долоон сарын арван нэгэн.

イラストで学ぶモンゴル語
❷ 日常の朝

顔を洗う。
Нүүрээ угаах.
ヌーレー　オガーフ

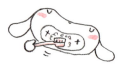

歯を磨く。
Шүдээ угаах.
シュデー　オガーフ

髪をとく。
Үсээ самнах.
ウセー　サムナフ

ひげを剃る。
Сахлаа хусаах.
サハラー　ホサーフ

化粧する。
Нүүрээ будах.
ヌーレー　ボダフ

お風呂に入る。
Усанд орох.
オサンド　オロフ

Part 3

旅行で使えるフレーズ

Lesson 1

空港

- 入国目的は何ですか？
  Ямар зорилгоор ирсэн бэ?
  ヤマル　　ゾリルゴール　　イルスン　ペー

- 観光で来ました。
  Жуулчлалаар ирсэн.
  ジョールチララール　　イルスン

> 日本からモンゴルへの入国は飛行機は成田（関西空港）からの直行便や北京、ソウル経由があり、北京から列車での入国も可能です。ウランバートルの空港は1階が入国で、2階が出国です。国内線など50人乗り程度の小型飛行機は出発時間が遅れたり、すごく揺れるので気をつけてください。

Онгоцны буудал
オンゴツニー ボーダル

● 日本から来ました。
Японоос ирсэн.
ヤポーノース イルスン

● 何日滞在ですか？
Хэд хонох вэ?
ヘドゥ ホノフ ウェ

● 1 週間です。
Долоо хононо.
ドロー ホノン

● どちらに宿泊しますか？
Хаана байрлах вэ?
ハーン バェルラフ ウェ

● 荷物はどこで受け取るのですか？
Ачаагаа хаанаас авах вэ?
アチャーガー ハーナース アワフ ウェ

● 入国カードを書いてください。
Орох хуудас бөглөөрэй.
オロホ ホーダス ブグルーレー

Part 3

旅行で使えるフレーズ

Lesson 2

両替

- 両替所はどこですか？
 Валют солих газар хаана байдаг вэ?
 ワリョートゥ　ソリフ　　ガザル　　ハーン　　バェダグ　ウェ

- 換金したいのですが。
 Мөнгө солиулах гэсэн юм.
 　ムング　　　　ソリオラフ　　　ゲスィーム

> モンゴル通貨への両替は、ヤミ両替のレートはいいですが、外国人などはだまされやすいので、銀行か両替所で両替した方が安全です。ショッピングモールやホテルなどではクレジットカードが利用できて便利です。

Валют солих
ワリョートゥ　ソリフ

● どこの銀行で両替できますか？
Аль банкинд мөнгө солиулж болох вэ?
アリ　バーンキンドゥ　ムング　　ソリオラジ　ボロホ　ウェ

● レートはいくらですか？
Ханш хэд вэ?
ハンシ　ヘドゥ ウェ

● 円を交換してください。
Иен сольж өгнө үү?
イェン　ソリジ　　　ウグヌー

● ドルに両替してください。
Доллар авах гэсэн юм.
ドーラル　アワフ　　ゲスィーム

● 大きい札にしてください。
Бүхэл дэвсгэртээр өгөөч.
ブヘル　　デウスゲルテール　　ウグーチ

● 計算が違います。
Буруу тооцоолсон байна.
ボロー　　トーツォールソン　　バェン

Part 3

旅行で使えるフレーズ

Lesson 3

街に出る

- すみません、道をおたずねしたいのですが。
  Уучлаарай, зам асууя.
  オーチラーラェ　ザム　アソーイ

- スフバートル広場までどうやって行けばいいですか？
  Сүхбаатарын талбай руу яаж явах вэ?
  スフバータリーン　タルバェ　ロー　ヤージ　ヤワフ　ウェ

> ウランバートル市内で道に迷ったら、すぐに人通りの多いところで人に尋ねましょう。地図を持ってウロウロしていたら外国人であることがわかり目立ちます。スリやひったくりの対象となりやすいです。特に夜の独り歩きは気をつけるように。

Хотоор явах
ホトール　　ヤワフ

● 歩いたら遠いですか？
Явганаар бол хол уу?
ヤウガナール　　ボル　　ホロー

● どこに行くのですか？
Хаашаа явах вэ?
ハーシャー　ヤワフ　ウェ

● この辺に電話はありますか？
Энэ хавьд утас бий юү?
エン　ハウィドゥ オタス　ビー　ユー

● ここはどこですか？
Энэ юу гэдэг газар вэ?
エン　ヨー　ゲデグ　　ガザル　　ウェ

● 道に迷いました。
Замаасаа төөрчихлөө.
ザマーサー　　　トゥールチフルー

● トイレはどこですか？
Бие засах газар хаана байдаг вэ?
ピィ　　ザサフ　ガザル　　ハーン　　バェダグ　　ウェ

Part 3

旅行で使えるフレーズ

● 99 ●

Lesson 4

タクシー・バスに乗る

Track 33

- 日本大使館へ行ってください。
  Японы элчин рүү явна уу.
  ヤポニー　エルチン　ルー　ヤウノー

- この住所に行ってもらえますか？
  Энэ хаягаар хүргэж өгнө үү.
  エン　ハィガール　フルゲジ　ウグヌー

> 停留所に停まるバスはたくさんあります。乗車する場合はどこに行くバスか確認してから乗りましょう。バスはスリがいて危ないので、観光客はタクシーをお勧めします。

Такси · Автобусанд суух
タクスィ　　　　　アウトボスンドゥ　　　ソーフ

● まっすぐ行ってください。
Чигээрээ яваарай.
チゲーレー　　　ヤワーラェ

● 右に曲がってください。
Баруун гар тийшээ эргээрэй.
バローン　　ガル　ティーシェー　　エルゲーレー

● あそこで止めてください。
Тэнд зогсож өгнө үү.
テンドゥ　　ソグソジ　　　　ウグヌー

● このバスは中央郵便局で止まりますか？
Энэ автобус төв шуудан дээр зогсох уу?
エン　アウトボス　トゥウ ショーダン　デール　ソグソホー

● 着いたら教えてください。
Зогсоол болохоор хэлээрэй.
ソグソール　　　ボロホール　　　　ヘレーレー

● ここで降ります、通してください。
Энд бууна, зөрөөдөхье дөө.
エンドゥ　ボーン　　　ズルードゥヒェー　ドゥー

Part 3

旅行で使えるフレーズ

● 101 ●

Lesson 5

切符を買う

- ダルハンまで行きたいのですが。
  Дархан хүртэл явах гэсэн юм.
  ダルハン　フルテル　ヤワフ　ゲスィーム

- 時刻表を見せてください。
  Цагийн хуваариа үзүүлнэ үү.
  ツァギーン　ホワーリヤー　　ウズールヌー

> 「-аас⁴（アース）＝〜から」「хүртэл（フルテル）＝〜まで」
> 〈例〉「Улаанбаатараас Дархан хүртэл явна.（オラーンバータラース ダルハン フルテル ヤウン）＝ウランバートルからダルハンまで行きます。」
> 「нийтийн вагон（ニーティーン ワゴン）＝一般車両」

Зорчих билет худалдаж авах
ゾルチフ　ビレートゥ　ホダルダジ　アワフ

● ここから何時間かかりますか？
Эндээс хэдэн цаг явж хүрэх вэ?
エンデース　ヘドゥン　ツァグ　ヤウジ　フレフ　ウェ

● 何時発ですか？
Хэдэн цагаас хөдлөх вэ?
ヘドゥン　ツァガース　フドゥルフ　ウェ

● ドルノゴビへはどうやって行けばいいですか？
Дорноговь руу яаж явах вэ?
ドルノゴウィ　ロー　ヤージ　ヤワフ　ウェ

● 往復いくらですか？
Хоёр талдаа ямар үнэтэй вэ?
ホョル　タルダー　ヤマル　ウンテー　ウェ

● 寝台車をお願いします。
Купе өгнө үү.
クペー　ウグヌー

● 8月5日の切符をください。
Найман сарын тавны билет өгнө үү.
ナェマン　サリーン　タウニー　ビレートゥ　ウグヌー

Part 3
旅行で使えるフレーズ

● 103 ●

Lesson 6

ホテル 1

- 部屋を予約してあります。
  Өрөө захиалсан юм.
  ウルー　ザヒャルスン　ユム

- 空き部屋はありますか？
  Сул өрөө байгаа юу?
  ソル　ウルー　バェガー　ヨー

「～したいのですが」=「гэсэн юм (ゲスン ユム)」→「ゲスィーム」とは口語の発音です。/ 日本語のできるスタッフがいないホテルの方が多いですが、英語なら OK。ホテル以外に「байр хөлслөх (バェル フルスルフ)」という家具付の滞在型マンションもあります。(短期、長期 OK)

Зочид буудал 1
ソチドゥ　　ホーダル　　ネグ

● 何泊の予定ですか？
Хэдэн өдөр байрлах вэ?
ヘドゥン　ウドゥル　バェルラフ　ウェ

● 2泊したいのですが。
Хоёр хонох гэсэн юм.
ホョル　ホノホ　　ゲスィーム

● 1泊いくらですか？
Хоногийн ямар үнэтэй вэ?
ホノギーン　ヤマル　ウンテー　ウェ

● もっと安い部屋はありませんか？
Арай хямдхан өрөө байхгүй юу?
アラェ　ヒャムドゥハン　ウルー　バェフグィ　ヨー

● シングルルームをお願いします。
Нэг хүний өрөө авъя.
ネグ　フニー　ウルー　アウィー

● 日本語のできる方はおられますか？
Япон хэлтэй хүн байна уу?
ヤポン　ヘルテー　フン　バェノー

Part 3

旅行で使えるフレーズ

● 105 ●

Lesson 7

ホテル2

Track 36

- 鍵をください。
  Түлхүүр аваад өгөөч.
  トゥルフール　アワードゥ　ウグーチ

- 荷物を運んでください。
  Ачаа зөөгөөд өгөөч.
  アチャー　ズーグードゥ　ウグーチ

「〜してください」のお願いの表現：「өгөөч（ウグーチ）」は「өгнө үү（ウグヌー）」よりなじみのある表現です。(p. 60 参照) / ホテルは水やお湯が出なかったり停電になったり、トラブルはあるかもしれませんが、市内のマンション等でも同じようなことは起きています。そんなにあわてず、ホテルの人に伝えてみてください。

Зочид буудал 2
ソチドゥ　　ボーダル　ホョル

● 日本へ電話をかけたいのですが。
Япон руу утсаар ярих гэсэн юм.
ヤポン　　ロー　オトサール　ヤリフ　　ゲスィーム

● シャワーのお湯が出ません。
Шүршүүрний халуун ус гарахгүй байна.
シュルシューリーン　　　ハローン　オス　ガラフグィ　　バェン

● 部屋を変えてください。
Өрөө сольж өгнө үү.
ウルー　　ソリジ　　ウグヌー

● クリーニングサービスはありますか？
Хими цэвэрлэгээ бий юу?
ヒーミ　　ツェウェルレゲー　　ビー　ヨー

● チェックアウトをお願いします。
Өрөөний тооцоо хийе.
ウルーニー　　　トーツォー　ヒーイェ

● タクシーを呼んでください。
Такси дуудаж өгнө үү.
タクスィ　ドーダジ　　ウグヌー

Part 3

旅行で使えるフレーズ

Lesson 8

レストラン 1　Track 37

- メニューを見せてください。
  Хоолны цэсээ үзүүлээч.
  ホールニー　ツェセー　ウズレーチ

- これはどんな料理ですか？
  Энэ ямар хоол вэ?
  エン　ヤマル　ホール　ウェ

> ウランバートル市内にはロシア料理、韓国料理、中国料理、日本料理等いろいろな国の料理のレストランがあります。モンゴルの地ビールが飲めるバーもあり、楽しめます。モンゴル料理は「бууз（ボーズ）＝蒸し餃子」が有名ですが、「цуйван（ツォイワン）」という麺料理も人気が高いです。

Ресторан 1

モンゴル料理を食べたいのですが。
Монгол хоол идмээр байна.

おすすめは何ですか？
Ямар хоол санал болгомоор байна вэ?

注文をお願いします。
Хоол захиалъя.

これをください。
Үүнийг өгөөч.

あれと同じものをください。
Надад бас тиймийг өгөөч.

これは注文していません。
Үүнийг захиалаагүй шүү дээ.

Lesson 9

レストラン2

- お酒は何がありますか？

  Ямар архи байгаа вэ?
  ヤマル　アルヒ　バェガー　ウェ

- 乾杯！

  Тогтооё!
  トグトーイ

> モンゴル人とお酒を飲み出したら止まらない場合があります。酔っぱらって喧嘩になったり、喧嘩に巻き込まれたりしないよう、気をつけましょう。ビールはモンゴル語で「шар айраг（シャル アェラグ）＝黄色い馬乳酒」一般的には外来語の「пиво（ピーウ）＝ビール」で通っています。

Ресторан 2
レストラーン　ホョル

● もう1本ビールをください。
Дахиад нэг пиво өгөөч.
タヒアドゥ　ネグ　ピーウ　ウグーチ

● まだ注文した料理が来てません。
Захиалсан хоол ирээгүй байна.
ザヒャルスン　ホール　イレーグィ　バェン

● 他に食べたいものはありますか？
Өөр идмээр юм байна уу?
ウール　イドゥメール　ユム　バェノー

● お勘定をお願いします。
Тооцоогоо хийе.
トーツォーゴー　ヒーイェー

● 私がおごります。
Би даая.
ビー　ダーイ

● 酔っぱらってしまった。
Согтчихлоо.
ソグトゥっチフロー

Part 3
旅行で使えるフレーズ

Lesson 10

ショッピング 1

- これを見せてくれませんか？
  Үүнийг үзүүлэхгүй юү?
  ウーニーグ　ウズーレフグィ　ユー

- いくらですか？
  Ямар үнэтэй вэ?
  ヤマル　ウンテー　ウェ

> デパートでは定価が決まっていてまけられないのですが、小売店や市場などではできる場合があるので交渉してみたらいいです。ただ、外国人だと気づかれたら安くしてくれるところは少ないので、モンゴル人と言った方がいいかもしれません。

Наймаа 1
ナェマー　　ネグ

● あれを取ってください。
Тэрийг аваад өгөөч.
テリーグ　　アワードゥ　ウグーチ

● 指輪が欲しいです。
Бөгж авмаар байна.
ブグジ　　アウマール　　　バェン

● これと同じものはありますか？
Үүнтэй адилхан юм байна уу?
ウーンテー　　　アディルハン　ユム　　バェノー

● とても高いですね。
Их үнэтэй юм аа.
イフ　　ウンテー　　ユマー

● まけてくれませんか？
Үнийг нь буулгахгүй юм уу?
ウニーグン　　　　ボールガフグィ　　　ユモー

● では、これをもらいます。
За, үүнийг авъя.
ザー　ウーニーグ　アウィー

Part 3

旅行で使えるフレーズ

● 113 ●

Lesson 11

ショッピング 2

- モンゴルデールはありますか？
  Монгол дээл байна уу?
  モンゴル　デール　バェノー

- 試着してもいいですか？
  Өмсөж үзэж болох уу?
  ウムスジ　ウゼジ　ボロホー

最近のモンゴル服はいろいろなデザインのものがあり、写真から自分の好みのデザインや生地を選ぶなど、オーダーメイドができます。（生地やデザインによって値段は異なります。）

Наймаа 2
ナェマー　　ホョル

● この他にもありますか？
Үүнээс өөр байна уу?
ウーネース　ウール　　バェノー

● 鏡を見せてください。
Толинд харъя даа.
トリンドゥ　　ハリー　　ダー

● 大きすぎます。
Томдож байна.
トムドジ　　　バェン

● ぴったりです。
Яг таарч байна.
ヤグ　タールチ　　バェン

● 見ているだけです。
Зүгээр сонирхож байна.
ズゲール　　ソニルホジ　　バェン

● すみません、要りません。
Уучлаарай, хэрэггүй.
オーチラーラェ　　ヘレググィ

Lesson 12

劇場・博物館

- 私はオペラが見たいです。
  Би дуурь үзмээр байна.
  ビー ドーリ ウズメール バェン

- 何時に開演しますか？
  Хэдэн цагт тоглолт эхлэх вэ?
  ヘドゥン ツァグトゥ トグロルトゥ エフレフ ウェ

> モンゴル人は小さい頃から歌を歌っているせいか歌唱力があります。劇場へ足を運んで伝統芸能の民族音楽を肌で感じてはいかがですか。モンゴルの文化がわかるかもしれません。/ モンゴルの近代美術は、馬の絵や草原を描いた身近な題材のものが多いようです。

Театр · Музей
ティアトル　　ムセーイ

● 入場券はいくらですか？
Билет ямар үнэтэй вэ?
ピレートゥ　ヤマル　　ウンテー　　ウェ

● 大人２枚ください。
Том хүний билет хоёрыг өгнө үү.
トム　　フニー　　ピレートゥ　ホョリーグ　　ウグヌー

● 前の方の席にしてください。
Урдуур суудал өгнө үү.
オルドール　　ソーダル　　ウグヌー

● 開演10分前です。
Тоглолт эхлэхэд арван минут дутуу байна.
トグロルトゥ エフレヘドゥ アルワン ミノートゥ ドトー　　バェン

● 次は何時からですか？
Дараагийнх нь хэдэн цагаас эхлэх вэ?
ダラーギーンフン　　　ヘデゥン　ツァガース　エフレフ　ウェ

● 私の席はどこですか？
Миний суудал хаана вэ?
ミニー　　　ソーダル　　ハーナ　　ウェ

● 117 ●

Lesson 13

郵便局にて

- 日本へ手紙を出したいのですが。
  Япон руу захиа явуулах гэсэн юм.
  ヤポン　ロー　ザヒア　ヤウォーラフ　ゲスィーム

- いくらの切手が要りますか？
  Хэдэн төгрөгийн марк наах ёстой вэ?
  ヘドゥン　トゥグルギーン　マールク　ナーフ　ヨストェ　ウェ

> ウランバートルの中央郵便局では、モンゴルのきれいなポストカードや切手が売られています。
> 「見せてください」の表現：「үзүүлнэ үү（ウズール ヌー）＝丁寧な依頼」・
> 「үзүүлээч（ウズーレーチ）＝丁寧な指示」

118

Шуудандı
ショーダンドゥ

- 記念切手を見せてください。
  Сери марк үзүүлнэ үү.
  セーリ　マールク　ウズールヌー

- 絵はがきを見せてください。
  Ил захидал үзүүлээч.
  イル　ザヒダル　ウズーレーチ

- 航空便で何日かかりますか？
  Агаараар хэд хонож хүрэх вэ?
  アガーラール　ヘドゥ　ホノジ　フレフ　ウェ

- テレフォンカードをください。
  Утасны карт өгнө үү.
  オタスニー　カールトゥ　ウグヌー

- 電話のかけ方を教えてください。
  Утас залгах арга зааж өгнө үү.
  オタス　ザルガフ　アルガ　ザージ　ウグヌー

- 日本にかけます。
  Япон руу залгана.
  ヤポン　ロー　ザルガン

Lesson 14

草原・砂漠へ

- 道が悪いです。
  Зам муу байна.
  ザム　モー　バェン

- 気をつけてください。
  Болгоомжтой байгаарай.
  ボルゴームジトェ　バェガーラェ

> 車で遠い田舎に行く場合、舗装されていない道や草原を走って行くと、川や石のあるところを通ったりします。そうすると途中で車が故障したり、パンクしたりすることはよくあります。モンゴル人はそんなことにへこたれません。トラブル解消は彼らに任せて、あせらず見守りましょう。

Хээр тал · Элсэн цөл рүү
ヘール　　タル　　　エルスン　　　ツル　　　ルー

● あとどれぐらいの時間がかかりますか？
Дахиад хэдэн цаг явах вэ?
ダヒャドゥ　　ヘドゥン　ツァグ　ヤワフ　ウェ

● もうすぐ着きます。
Удахгүй хүрнэ.
オダフグィ　　フルン

● ちょっと止めてください。
Түр зогсоорой.
トゥル　　ゾグソーロェ

● トイレに行きたいです。
Бие засмаар байна.
ビィ　ザスマール　　バェン

● 休憩しましょう。
Амаръя.
アムリヤー

● 車が故障したのですか？
Машин эвдэрсэн үү?
マシーン　　　エウデルスヌー

Part 3 旅行で使えるフレーズ

● 121 ●

Lesson 15

ゲル訪問

- よい夏をお過ごしですか？
  Сайхан зусаж байна уу?
  サェハン　　ゾサジ　　バェノー

- つまらないものですが。 *お土産を渡す際
  Энэ өчүүхэн бэлэг.
  エン　ウチューフン　　ベレグ

「よい夏をお過ごしですか？」の言い回しは春夏秋冬、四季折々あります。/モンゴルの代表的な「五畜」＝「таван хошуу мал（タワン ホショー マル）」は馬・牛・ラクダ・羊・ヤギを指します。家畜は雄雌、年齢別で呼び方が異なります。〈例〉牛の総称＝ үхэр（ウヘル）、乳牛＝ үнээ（ウネー）

Гэр зочлох
ゲル　　　ソチロフ

● これは何という乳製品ですか？
Энэ юу гэдэг цагаан идээ вэ?
エン　　ヨー　ゲデグ　　　ツァガーン　イデー　ウェ

● 食べてみてもいいですか？
Идэж үзэж болох уу?
イデジ　　　ウゼジ　　　ボロホー

● 馬乳酒を飲んでみたいです。
Айраг ууж үзмээр байна.
アェラグ　オージ　ウズメール　　バェン

● どれくらいの家畜を飼っているのですか？
Танайх хэдий хэр малтай вэ?
タナェハ　　ヘディー　　ヘル　　マルタェ　ウェ

● この辺に狼は出ますか？
Энэ хавь чонотой юу?
エン　　ハウィ　チョノトェ　　ヨー

● お元気でいてください。＊帰り際の挨拶
Сайн сууж байгаарай.
サェン　　ソージ　　バェガーラェ

Part 3　旅行で使えるフレーズ

Lesson 16

馬に乗る

- 馬に乗りたいです。
  Морь унамаар байна.
  モリ　　オナマール　　バェン

- おとなしい馬の方がいいです。
  Номхон морь нь дээр.
  ノムホン　　モリン　　　デール

> 「名詞・形容詞 + нь дээр（スン ニ デール）＝～の方がいい」
> おとなしい馬なら初心者でも乗られますが、もし急に走って止まらない時は馬のたてがみをしっかり持って離さないことです。モンゴルの子供たちは鞍なしで乗りこなすのですから足腰もたくましいのでしょう。

Морь унах
モリ　　オナフ

● あの馬に乗ってもいいですか？
Тэр морийг унаж болох уу?
テル　モリーグ　オナジ　ボロホー

● 馬の乗り方を教えてください。
Морь унахыг зааж өгөөч.
モリ　オナヒーグ　ザージ　ウグーチ

● すみません、私に付いていてください。
Уучлаарай, хамт яваад өгөөч.
オーチーラーラェ　ハムトゥ ヤワードゥ ウグーチ

● こんな感じでいいですか？
Болж байна уу?
ボルジ　バェノー

● たずなをしっかり持って。
Жолоогоо сайн бариарай.
ジョローゴー　サェン　バリァラェ

● 馬を止めてください。
Морио зогсоогоод өгөөч.
モリォー　ソグソーゴードゥ　ウグーチ

125

Lesson 17

写真を撮る

- 写真を撮りますよ。
  Зураг авлаа шүү.
  ゾラグ　アウラー　シュー

- 皆さん、こちらへ来てください。
  Бүгдээрээ наашаа ирээрэй.
  ブグデーレー　ナーシャー　イレーレー

> 厳しい自然の中で暮らす遊牧民は絵になります。写真を撮る時はひとこと断って撮らせてもらいましょう。ただ写真を意識され、オシャレしてこられて自然なまま撮れなくなることがあるかも。皆、写真が大好きなので、撮ったものを送ってあげるととても喜ばれます。

Зураг авах
ゾラグ　アワフ

● 写真を撮ってもいいですか？
Зураг авч болох уу?
ゾラグ　アウチ　ボロホー

● 一緒に撮りましょう。
Цугтаа авхуулъя.
ツォグター　アウホーリー

● もう一枚撮ります。
Дахиад нэг даръя.
ダヒアドゥ　ネグ　ダリー

● 一緒に入りませんか？
Хамт орохгүй юу?
ハムトゥ　オロフグィ　ヨー

● シャッターを押してください。
Товчийг нь дарна уу?
トウチーグン　ダルノー

● 笑って。
Инээгээрэй.
イネーゲーレー

Part 3

旅行で使えるフレーズ

● 127 ●

Lesson 18

ナーダム

- ナーダムを楽しんでますか？
  Сайхан наадаж байна уу?
  サェハン　　ナーダジ　　　バェノー

- ええ。（楽しんでます）
  Сайхаан.
  サェハーン

> 「ナーダム」とはお祭りのこと。ウランバートルで毎年行われるナーダムはモンゴルの革命記念日である7月11日より行われ、「Эрийн гурван наадам（エリーン ゴルワン ナーダム）＝男の3つの祭典」といい、競馬・相撲・弓射が行われます。学校や会社も休みになり、街中大賑わいです。

Наадам
ナーダム

● これは何才馬のレースですか？
Энэ ямар насны морь уралдаж байна?
エン　ヤマル　ナスニー　モリ　オラルダジ　バェン

● あの力士は強いですか？
Тэр бөх хүчтэй юү?
テル　ブフ　フチテー　ユー

● どちらが勝ちましたか？
Аль нь дийлсэн бэ?
アリン　　ディールスン　ベー

● 弓技はどこで行われていますか？
Сур харваа хаана болж байгаа вэ?
ソル　ハルワー　ハーン　ボルジ　バェガー　ウェ

● あそこからなら、よく見えそうですよ。
Тэндээс бол сайн харагдаж магадгүй.
テンデース　ボル　サェン　ハラグダジ　マガドゥグェ

● あちらで見ましょう。
Тэндээс үзье.
テンデース　ウズィー

Part 3 旅行で使えるフレーズ

Lesson 19

かけ声

- がんばれ！
  Хичээгээрэй!
  ヒチェーゲーレー

- あともう少し！
  Тэсээрэй!
  テセーレー

> 「がんばりましたね」は対象となるもので言い回しが違ってきます。
> （例）競馬の場合：「**сайн давхилаа шүү**（サェン ダゥヒラー シュー）」・「よかったね = **сайн байлаа шүү**（サェン バェラー シュー）」／ ナーダムなど、モンゴル語で応援することで一緒に参加した気分になれると思います。

Урамшуулах
オラムショーラフ

● 勝って！
Ялна шүү!
ヤルナ　シュー

● 残念。
Харамсалтай юм.
ハラムサルタェ　　ユム

● 惜しい。
Хайран юм.
ハェラン　　ユム

● 負けてしまう。
Ялагдлаа шүү дээ.
ヤラグドゥラー　シュー　デー

● 強いね。
Хүчтэй байна шүү.
フチテー　　バェン　　シュー

● がんばりましたね。＊相撲の場合
Сайн зүтгээлээ шүү.
サェン　ズトゥゲーレー　シュー

● 131 ●

Lesson 20

招待をうける

- お招きありがとうございます。
  Намайг урьсанд маш их баярлалаа.
  ナマェグ　オリサンドゥ　マシ　イフ　バィルッラー

- ステキな家ですね。
  Сайхан байр байна.
  サェハン　バェル　バェン

> モンゴル人は来客を好み、親しくなると家に招待します。食事をしながら話をし、お酒を飲み交わし、歌を歌い、楽しいひとときです。何か一曲でもアカペラで歌えるようにしておくといいでしょう。日本の演歌や童謡など好まれます。

Уригдах
オリグダフ

● お酒は少しなら飲めます。
Архи бага зэрэг лууж чадна.
アルヒ　バガ　ゼレグル　オージ チャドゥン

● とてもおいしいです。
Маш сайхан амттай байна.
マシ　　サェハン　アムトタェ　バェン

● これはどうやって作っているのですか？
Энийг яаж хийдэг юм бэ?
エニーグ　ャージ　ヒーデグ　ユム　ベー

● 歌を歌ってください。
Дуу дуулна уу.
ドー　　ドールノー

● 私は日本の歌を歌います。
Би Япон дуу дуулъя.
ピー　ャポン　ドー　ドーリー

● とても楽しかったです。
Маш сайхан байлаа.
マシ　　サェハン　バェラー

Lesson 21

日本・モンゴル

- 日本の相撲について知っていますか？
  Японы сумог мэдэх үү?
  ヤポニー　スモーグ　メデフー

- 日本でモンゴル力士はすごい活躍をしています。
  Монголын бөхчүүд Японд маш сайн барилдаж байгаа.
  モンゴルリーン ブフチュードゥ ヤポンドゥ マシ　サェン　バリルダジ　バェガー

> 日本ではモンゴル人といえば"相撲"と言われるぐらい、今やモンゴル人力士の活躍が目覚ましいです。モンゴルでも場所ごとにテレビで生中継で放送されており、視聴率も高いようです。日本の相撲の話題をふると盛り上がります。当然、モンゴル人はモンゴル力士びいきです。

Япон・Монгол
ヤポン　　　　モンゴル

● どの力士が好きですか？
Ямар бөхөд дуртай вэ?
ヤマル　ブフドゥ　ドルタェ　ウェ

● 日本料理を食べたことはありますか？
Япон хоол идэж үзсэн үү?
ヤポン　ホール　イデジ　ウズスヌー

● 魚を生で食べるんですよ。
Загасыг түүхийгээр иддэг шүү дээ.
ザガスィーグ　トゥーヒーゲール　イドゥデグ　シュー　デー

● 馬頭琴は弾けますか？
Морин хуур тоглож чадах уу?
モリン　ホール　トグロジ　チャダホー

● モンゴルの歌を教えてください。
Монгол дуу зааж өгөөч.
モンゴル　ドー　ザージ　ウグーチ

● あなたは日本人によく似ています。
Та Япон хүнтэй их адилхан байна шүү.
ター　ヤポン　フンテー　イフ　アディルハン　バェン　シュー

Part 3

旅行で使えるフレーズ

Lesson 22

体調

- 具合が悪いです。
  Бие муу байна.
  ピィ　モー　バェン

- 食欲がありません。
  Хоолонд дургүй байна.
  ホーロンドゥ　ドルグィ　バェン

> 気温の変化が激しかったり、環境の変化から体調を崩しやすくなります。モンゴルの薬は体に合うかわからないので、日本から持っていく方がいいです。私が風邪を引いたとき、友達のモンゴル人からしてもらった応急処置は、"粉薬をストローで喉に吹き付ける"という、すごいものでした。

Биеийн байдал
ビィーン　　　バェダル

- 下痢をしています。
  Гүйлгээд байна.
  グィルゲードゥ　　バェン

- 吐き気がします。
  Дотор муухайраад байна.
  ドトル　　モーハェラードゥ　　バェン

- 熱があります。
  Халуураад байна.
  ハローラードゥ　　バェン

- 咳が出ます。
  Ханиалгаад байна.
  ハニャールガードゥ　　バェン

- 医者を呼んでください。
  Эмч дуудаж өгөөч.
  エムチ　　ドーダジ　　ウグーチ

- 病院へ一緒に行ってください。
  Эмнэлэг рүү хамт явж өгнө үү.
  エムネレグ　　ルー　ハムトゥ ヤウジ　　ウグヌ

Part 3

旅行で使えるフレーズ

Lesson 23

病院

Track 52

- 馬から落ちました。
  Мориноос уначихлаа.
  モリノース　　オナチフラー

- どこが痛いですか？
  Хаана өвдөж байна?
  ハーン　　ウブドゥジ　　バェン

> 病気の症状がひどい時はモンゴルの知り合いに病院に連れて行ってもらうか、日本大使館へ相談をした方がいいです。小さな病院は設備や衛生面でもあまり良くなく、症状が悪化するおそれがあります。病院選びは慎重に。

Эмнэлэг
エムネレグ

● ここが痛いです。
Энд өвдөж байна.
エンドゥ ウブドゥジ　バェン

● 治るのに何日かかりますか？
Эдгэртлээ хэр удах бол?
エドゥゲルトゥレー ヘル　オダフ　ボル

● たいしたことありません。
Сүүдтэй зүйл биш байна.
スードゥテー　ズィル　ビシ　バェン

● 入院しなければいけません。
Эмнэлэгт хэвтэх шаардлагатай.
エムネレグトゥ　ヘウテフ　シャールドゥラガタェ

● 薬を飲んで良くなりますか？
Эм уугаад эдгэрэх үү?
エム　オーガードゥ　エドゥゲレフー

● 少し良くなりました。
Арай гайгүй боллоо.
アラェ　ガェグィ　ボルロー

Part 3 旅行で使えるフレーズ

Lesson 24

トラブル

Track 53

- 財布がなくなっています。
  Түрийвч алга болчихжээ.
  トゥリーウチ　アルガ　ボルチフジェー

- パスポートがありません。
  Паспорт байхгүй байна.
  パースポルトゥ　バェフグィ　バェン

> ひったくりにあったときは、追いかけて捕まえようとせずに大声を出して誰かに助けを求めてください。抵抗してケガをしては大変です。出歩くときは貴重品は肌身に付けて、必要な現金だけをポケットに入れておくのが無難です。

● 140 ●

Зөрчил
ズルチル

● かばんをひったくられました。
Цүнхээ булаалгачихлаа.
ツンヘー　　　ボラールガチフラー

● 警察はどこですか？
Цагдаагийн газар хаана байдаг вэ?
ツァグダーギーン　　ガザル　　ハーン　　バェダグ　　ウェ

● やめて！
Болиоч!
ボリオチ

● 助けて！
Туслаарай!
トスラーラェ

● ドロボー！
Хулгайч!
ホルガェチ

● 捕まえてください！
Бариад аваарай!
バリャドゥ　　アワーラェ

Part 3　旅行で使えるフレーズ

Lesson 25

なぐさめる

- 大丈夫ですか？
  Зүгээр үү?
  ズゲールー

- もう大丈夫です。ありがとう。
  Одоо зүгээр ээ. Баярлалаа.
  オドー　　ズゲーレー　　　バィルッラー

> 盗難や事故、いつどんなトラブルがあるかわかりません、被害にあった人は不安です。それを少しでも暖和してあげられる言葉をかけてあげたら相手も落ち着くでしょう。/「Сэтгэлэн чангар（セトゥグレン チャンガル）＝元気出して、強くなって」はひどく落ち込んだ相手に対して言います。

Аргадах
アルガダフ

● 心配しないで。
Санаа зовсны хэрэггүй ээ.
サナー　　ゾウスニー　　ヘレググェー

● 落ち着いて。
Одоо тайвшир даа.
オドー　　タェウシルダー

● 元気出して。
Удахгүй зүгээр болно.
オダフグィ　　ズゲール　　ボルン

● 泣かないで。
Уйлах хэрэггүй.
オィラフ　　ヘレググェ

● 不安です。
Сэтгэл тайван биш байна.
セトゥゲル　　タェワン　　ビシ　　バェン

● 私がついててあげます。
Би хамт байж байя.
ビー　ハムトゥ　バェジ　バェヤー

Part 3 旅行で使えるフレーズ

イラストで学ぶモンゴル語
❸ 干支

Part 4

基本単語

1 お金

紙幣	цаасан дэвсгэрт ツァースン　デウスゲルトゥ
硬貨	зоосон мөнгө ゾースン　ムング
トゥグルグ	төгрөг トゥグルグ
ドル	доллар ドーラル
円	иен イェーン
外貨	валют ワリョートゥ
レート	ханш ハンシ
現金	бэлэн мөнгө ベレン　ムング

Мөнгө
ムング

クレジットカード	**кредит карт** クレディートゥ カールトゥ
トラベラーズチェック	**замын чек** ザミーン チェーク
価格	**үнэ** ウン
おつり	**хариулт** ハリオルトゥ
小銭	**задгай мөнгө** ザドゥガェ ムング
両替	**мөнгө солих** ムング ソリフ
領収書	**баримт** バリムトゥ
料金	**төлбөр** トゥルブル

Part 4

基本単語

● 147 ●

2 方向・位置

東（左）	зүүн	ズーン
西（右）	баруун	バローン
南（前）	өмнө	ウムヌ
北（後）	хойт	ホェトゥ
東側	зүүн зүг	ズーン ズグ
中央	төв	トゥウ
上	дээр	デール
下	доор	ドール

Зүг чиг · Байрлал
ズグ　　チグ　　　バェルラル

真ん中	дунд ドンドゥ
手前	наана ナーン
向こう	цаана ツァーン
そば	хажууд ハジョードゥ
縦	босоо ボソー
横	хэвтээ ヘウテー
内	дотор ドトル
外	гадаа ガダー

Part 4

基本単語

149

3 天気・気候

晴れ	цэлмэг ツェルメグ
曇り	бүрхэг ブルヘグ
雨	бороо ボロー
雪	цас ツァス
風	салхи サルヒ
霧	манан マナン
吹雪	цасан шуурга ツァスン　ショールガ
砂嵐	шороон шуурга ショローン　ショールガ

Цаг уур · Цаг агаар
ツァグ　オール　　ツァグ　アガール

干害	**ган** ガン
寒害	**зуд** ゾドゥ
暑い	**халуун** ハローン
寒い	**хүйтэн** フィトゥン
涼しい	**сэрүүн** セルーン
暖かい	**дулаан** ドラーン
乾燥	**хуурай** ホーラェ
湿気	**чийглэг** チーグレグ

Part 4

基本単語

● 151 ●

4 自然

空	тэнгэр	テンゲル
雲	үүл	ウール
太陽	нар	ナル
月	сар	サル
星	од	オドゥ
空気	агаар	アガール
森	ой	オェ
林	шугуй	ショゴィ

Байгаль
バェガリ

草原	хээр тал ヘール　タル
砂漠	элсэн цөл エルスン　ツォル
花	цэцэг ツェツェグ
草	өвс ウヴス
山	уул オール
川	гол ゴル
湖	нуур ノール
植物	ургамал オルガマル

Part 4

基本単語

5 動物

馬	адуу アドー	モンゴルの五種類の家畜 **5 хошуу мал** タワン ホショー　マル
牛	үхэр ウヘル	
羊	хонь ホニ	
やぎ	ямаа ヤマー	
らくだ	тэмээ テメー	
ヤク	сарлаг サルラグ	
狼	чоно チョノ	
熊	баавгай バーウガェ	

Амьтан
アミタン

狐	**үнэг** ウネグ
鹿	**буга** ボガ
猫	**муур** モール
鳥	**шувуу** ショウォー
鷲	**бүргэд** ブルゲドゥ
虫	**хорхой** ホルホェ
狩猟	**ан агнуур** アン アグノール
家畜の屠殺	**мал нядлах** マル　ニャドゥラフ

Part 4

基本単語

6 家

アパート・マンション	орон сууц オロン　ソーツ
1階	нэг давхар ネグ　ダウハル
入り口	орц オルツ
扉	хаалга ハーラガ
壁	хана ハン
窓	цонх ツォンフ
カーテン	хөшиг フシグ
じゅうたん	хивс ヒウス

Гэр
ゲル

フェルト	эсгий エスギー
煙突	яндан ヤンダン
鍋	тогоо トゴー
かまど	зуух ゾーフ
机	ширээ シレー
いす	сандал サンダル
タンス	шүүгээ シューゲー
ガス	хий ヒー

Part 4

基本単語

7 家族

父	aav アーウ	
母	ээж エージ	
兄	ax アハ	
姉	эгч エグチ	
弟	дүү ドゥー	
妹	охин дүү オヒン ドゥー	
祖父	өвөө ウヴー	
祖母	эмээ エメー	

Гэр бүл
ゲル　ブル

婿	**хүргэн** フルゲン
嫁	**бэр** ベル
夫	**нөхөр** ヌフル
妻	**эхнэр** エフネル
息子	**хүү** フー
娘	**охин** オヒン
子供	**хүүхэд** フーヘドゥ
親戚	**хамаатан** ハマータン

Part 4

基本単語

8 趣味

バスケット	сагсан бөмбөг サグスン　ブンブグ
サッカー	хөл бөмбөг フル　ブンブグ
バレー	гар бөмбөг ガル　ブンブグ
テニス	газрын теннис ガズリーン　テーニス
野球	бейсбол ベイスボール
水泳	усанд сэлэх オスンドゥ　セレフ
登山	ууланд авирах オーランドゥ　アウィラフ
スキー	цана ツァン

Сонирхол
ソニルホル

乗馬	**морь унах** モリ　オナフ
写真を撮る	**зураг авах** ゾラグ　アワフ
絵を描く	**зураг зурах** ゾラグ　ゾラフ
旅行	**аялах** アィラフ
釣り	**загасчилах** ザガスチラフ
読書	**ном унших** ノム　オンシフ
音楽鑑賞	**хөгжим сонсох** フグジム　ソンソフ
映画鑑賞	**кино үзэх** キノー　ウゼフ

Part 4

基本単語

● 161 ●

職 業

会社員	компаний ажилтан コンパニー　アジルタン
公務員	албан хаагч アルバン　ハーグチ
労働者	ажилчин アジルチン
牧畜民	малчин マルチン
農民	тариачин タリアチン
医師	эмч エムチ
看護士	сувилагч ソウィラグチ
保育士	цэцэрлэгийн багш ツェツェルレギーン　バグシ

Ажил мэргэжил
アジル　　　　　メルゲジル

先生	**багш** バグシ
通訳	**орчуулагч** オルチョーラグチ
カメラマン	**зурагчин** ゾラグチン
画家	**зураач** ゾラーチ
学生	**оюутан** オヨータン
主婦	**гэрийн эзэгтэй** ゲリーン　　エゼグテー
退職	**ажлаас гарах** アジラース　　ガラフ
無職	**ажилгүй** アジルグィ

Part 4

基本単語

● 163 ●

10 ホテル

フロント	жижүүр	ジジュール
予約	захиалга	ザヒアラガ
部屋	өрөө	ウルー
空室	сул өрөө	ソル ウルー
シャワー	шүршүүр	シュルシュール
バス	ванн	バーン
トイレ	жорлон	ジョルロン
電気	цахилгаан	ツァヒルガーン

Зочид буудал
ソチドゥ　　　ボーダル

テレビ	**телевиз** テレウィーズ
毛布	**ноосон хөнжил** ノーソン　フンジル
鍵	**түлхүүр** トゥルフール
階段	**шат** シャトゥ
エレベーター	**лифт** リーフトゥ
非常口	**аваарын хаалга** アワーリーン　ハーラガ
暖房	**халаалт** ハラールトゥ
ボーイ	**ачигч** アチグチ

Part 4

基本単語

11 街

レストラン	**ресторан** レストラーン	
食堂	**гуанз** ゴアンズ	
喫茶店	**цайны газар** ツァィニー　ガザル	
公園	**цэцэрлэг** ツェツェルレグ	
郵便局	**шуудан** ショーダン	
銀行	**банк** バーンク	
病院	**эмнэлэг** エムネレグ	
警察署	**цагдаагийн газар** ツァグダーギーン　ガザル	

Хот
ホトゥ

学校	**сургууль** ソルゴーリ
会社	**компани** カンパーン
工場	**үйлдвэр** ウィルドゥウェル
図書館	**номын сан** ノミーン　サン
薬局	**эмийн сан** エミーン　サン
インターネットカフェ	**интернет кафе** インテルネートゥ　カフェ
外務省	**гадаад хэргийн яам** ガダードゥ　ヘルギーン　ヤーム
日本大使館	**Японы элчин сайдын яам** ヤポニー　エルチン　サェディン　ヤーム

Part 4

基本単語

12 駅

Track 66

切符	билет ビレートゥ
切符売り場	тасалбар худалдах газар タサルバル　ホダルダフ　ガザル
始発	эхний галт тэрэг エフニー　ガルトゥ　テレグ
終点	эцсийн зогсоол エツスィーン　ゾグソール
片道	нэг талдаа ネグ　タルダー
往復	хоёр талдаа ホョル　タルダー
出発	хөдлөх フドゥルフ
到着	хүрэх フレフ

168

Галт тэрэгний буудал
ガルトゥ　　　テレグニー　　　ボーダル

車掌	**билет шалгагч** ビレートゥ シャルガグチ
時刻表	**цагийн хуваарь** ツァギーン　ホワーリ
車両	**вагон** ワゴン
乗り換え	**сольж суух** ソリジ　ソーフ
寝台車	**купе** クペー
座席	**суудал** ソーダル
自由席	**энгийн суудал** エンギーン　　ソーダル

Part 4

基本単語

● 169 ●

13 乗り物・移動

列車	галт тэрэг ガルトゥ テレグ
電車	цахилгаан тэрэг ツァヒルガーン テレグ
バス	автобус アウトボス
タクシー	такси タクスィ
自動車	машин マシーン
バイク	мотоцикл モトツィクル
自転車	дугуй ドゴィ
船	усан онгоц オスン オンゴツ

Унаа · Нүүдэл
オナー　　ヌーデル

飛行機	онгоц
	オンゴツ
空港	нисэх онгоцны буудал
	ニセフ　　オンゴツニー　　ボーダル
道	зам
	ザム
鉄道	төмөр зам
	トゥムル　　ザム
信号	гэрлэн дохио
	ゲルレン　　ドヒョー
目印	таних тэмдэг
	タニフ　　テムデグ
所在地	оршин буй газар
	オルシン　　ボィ　　ガザル
交差点	замын уулзвар
	ザミーン　　オールズワル

Part 4

基本単語

● 171 ●

14 観光・娯楽

Track 68

寺院	сүм хийд スム　ヒードゥ
博物館	музей ムゼー
美術館	дүрслэх урлагийн музей ドゥルスレフ　オルラギーン　ムゼー
映画館	кино театр キノー　ティアトル
スタジアム	цэнгэлдэх хүрээлэн ツェンゲルデフ　フレーレン
遊園地	хүүхдийн парк フーフディーン　パールク
サーカス	цирк ツィールク
劇場	театр ティアトル

Жуулчлал · Зугаа цэнгэл
ジョールチラル　　　ゾガー　　ツェンゲル

コンサート	концерт コンツェルトゥ
ディスコ	диско ディスコ
バー	бар バール
ダンス	бүжиг ブジグ
民族音楽	үндэсний хөгжим ウンデスニー　フグジム
ホーミー	хөөмий フーミー
歌	дуу ドー
民謡	ардын дуу アルディン　ドー

Part 4

基本単語

15 色・素材

白	цагаан	ツァガーン
黒	хар	ハル
黄	шар	シャル
緑	ногоон	ノゴーン
茶色	бор	ボル
赤	улаан	オラーン
青	хөх	フフ
オレンジ	улбар шар	オルバル　シャル

Өнгө · Материал
ウング　　　マテリアル

金	**алт** アルトゥ
銀	**мөнгө** ムング
銅	**зэс** ゼス
プラチナ	**цагаан алт** ツァガーン　アルトゥ
ダイヤモンド	**алмаз** アルマース
皮	**арьс** アリス
ウール	**ноос** ノース
カシミア	**ноолуур** ノーロール

Part 4

基本単語

● 175 ●

16 アクセサリー・小物

指輪	бөгж ブグジ
ネックレス	хүзүүний зүүлт フズーニー ズールトゥ
ピアス	ээмэг エーメグ
ブレスレット	бугуйвч ボゴィヴチ
化粧品	гоо сайхны бараа ゴー サェハニー バラー
口紅	уруулын будаг オローリーン ボダグ
香水	үнэртэй ус ウネルテー オス
嗅ぎたばこ入れ	хөөрөг フールグ

Гоёлын чимэглэл · Жижиг эд зүйлс
ゴョリーン　　チメグレル　　ジジグ　エドゥ　ズィルス

めがね	**нүдний шил** ヌドゥニー　シル
たばこ	**тамхи** タムヒ
マッチ	**шүдэнз** シュデンズ
ペン	**үзэг** ウゼグ
ノート	**дэвтэр** デフテル
財布	**түрийвч** トゥリーブチ
人形	**хүүхэлдэй** フーヘルデー
電池	**зай** ザェ

Part 4

基本単語

● 177 ●

17 衣類

シャツ	цамц ツァムツ
上着	гадуур хувцас ガドール　ホヴツァス
ズボン	өмд ウムドゥ
スカート	юбка ユーブカ
コート	цув ツォウ
セーター	ноосон цамц ノーソン　ツァムツ
ジーンズ	жинсэн өмд ジーンセン　ウムドゥ
ネクタイ	зангиа ザンギア

Хувцас
ホヴツァス

スカーフ	**алчуур** アルチョール
マフラー	**хүзүүний ороолт** フズーニー オロールトゥ
靴下	**оймс** オェムス
手袋	**бээлий** ベーリー
帽子	**малгай** マルガェ
下着	**дотуур хувцас** ドトール ホヴツァス
パンツ	**дотоож** ドトージ
靴	**гутал** ゴタル

Part 4 基本単語

18 味

おいしい	**амттай**	アムトゥタェ
おいしくない	**амтгүй**	アムトゥグィ
味が薄い	**амт сул**	アムトゥ ソル
甘い	**чихэрлэг**	チヘルレグ
しょっぱい	**шорвог**	ショルウォグ
苦い	**гашуун**	ガショーン
すっぱい	**исгэлэн**	イスゲレン
あっさり	**хөнгөн**	フングン

Амт
アムトゥ

水っぽい	усархаг オサルハグ
油っこい	тослог トスログ
におう	үнэртэй ウネルテー
熱い（辛い）	халуун ハローン
冷たい	хүйтэн フィトゥン
ぬるい	бүлээн ブレーン
固い	хатуу ハトー
やわらかい	зөөлөн ズールン

Part 4

基本単語

19 料理

バンシ(水餃子)	банш	バンシ
ボーズ(蒸し餃子)	бууз	ボーズ
ホーショール(揚げ餃子)	хуушуур	ホーショール
ツォイワン(蒸し焼きうどん)	цуйван	ツォイワン
ピロシキ	пирошки	ピロシキ
スープ	шөл	シュル
ゆで肉	чанасан мах	チャナスン　マフ
腸詰め(ソーセージ)	цутгасан гэдэс	ツォトゥガスン　ゲデス

Хоол
ホール

うどん	гурилтай шөл ゴリルタェ　シュル
揚げ菓子	боорцог ボールツォグ
生	түүхий トゥーヒー
サラダ	салат サラートゥ
焼く・揚げる	шарах シャラフ
煮る	чанах チャナフ
蒸す	жигнэх ジグネフ
炒める	хуурах ホーラフ

Part 4

基本単語

食材

肉	max マフ
魚	загас ザガス
卵	өндөг ウンドゥグ
野菜	ногоо ノゴー
果物	жимс ジムス
牛乳	сүү スー
パン	талх タラフ
米	цагаан будаа ツァガーン ボダー

Хоол хүнс
ホール　フンス

小麦粉	**гурил** ゴリル
ソーセージ	**зайдас** ザェダス
チーズ	**бяслаг** ピャスラグ
じゃがいも	**төмс** トゥムス
にんじん	**лууван** ローワン
ねぎ	**сонгино** ソンギン
きのこ	**мөөг** ムーグ
りんご	**алим** アリム

Part 4

基本単語

21 飲み物・お菓子

水	ус オス
お茶	цай ツァェ
ミルク	сүү スー
ミルク茶	сүүтэй цай スーテー ツァェ
紅茶	байхуу цай バェホー ツァェ
コーヒー	кофе コーフェ
ジュース	жимсний шүүс ジムスニー シュース
ミネラルウォーター	цэвэр ус ツェウェル オス

Ундаа · Амттан
オンダー　　アムトゥタン

お酒	архи アリヒ
ビール	пиво ピーウ
馬乳酒	айраг アェラグ
ワイン	вино ウィノー
チョコレート	шоколад ショコラードゥ
キャンディー	чихэр チヘル
ナッツ	самар サマル
アイス	мөхөөлдөс ムフールドゥス

Part 4

基本単語

食器・調味料

茶碗	аяга	アヤガ
皿	таваг	タワガ
コップ	шилэн аяга	シレン　アヤガ
箸	савх	サウフ
ナイフ	хутга	ホトゥガ
フォーク	сэрээ	セレー
スプーン	халбага	ハルバガ
灰皿	үнсний сав	ウンスニー　サウ

Аяга таваг · Амтлагч
アヤガ　　タワグ　　アムトゥラグチ

つまようじ	шүдний чигчлүүр シュドゥニー　チグチルール
ティッシュ	салфетка サルフェートゥカ
砂糖	элсэн чихэр エルスン　チヘル
塩	давс ダウス
こしょう	перец ペールツ
しょうゆ	цуу ツォー
酢	цагаан цуу ツァガーン　ツォー
ケチャップ	кетчуп ケーチュプ

Part 4　基本単語

体

頭	толгой トルゴェ
首	хүзүү フズー
のど	хоолой ホーロェ
肩	мөр ムル
手	гар ガル
指	хуруу ホロー
爪	хумс ホムス
胸	цээж ツェージ

Бие
ビィ

お腹	гэдэс ゲデス
背中	нуруу ノロー
腰	ууц オーツ
お尻	бөгс ブグス
もも	гуя ゴィ
ひざ	өвдөг ウブドゥグ
足	хөл フル
くるぶし	шагай シャガェ

Part 4

基本単語

24 顔・内臓

Track 78

目	нүд	ヌドゥ
鼻	хамар	ハマル
口	ам	アム
耳	чих	チフ
歯	шүд	シュドゥ
舌	хэл	ヘル
唇	уруул	オロール
まゆげ	хөмсөг	フムスグ

Нүүр · Дотор эрхтэн
ヌール　　ドトル　　エルフテン

額	**дух** ドフ
あご	**эрүү** エルー
胃	**ходоод** ホドードゥ
小腸	**нарийн гэдэс** ナリーン　　ゲデス
肺	**уушиг** オーシグ
心臓	**зүрх** ズルフ
腎臓	**бөөр** ブール
肝臓	**элэг** エレグ

Part 4

基本単語

症状

風邪	**ханиад** ハニャード
頭痛	**толгойны өвчин** トルゴェニ ウブチン
貧血	**цус багадалт** ツォス バガダルトゥ
立ちくらみ	**толгой эргэх** トルゴェ エルゲフ
吐き気	**бөөлжис хүрэх** ブールジス フレフ
下痢	**гүйлгэх** グィルゲフ
食中毒	**хоолны хордлого** ホールニー ホルドゥロゴ
便秘	**өтгөн хатах** ウトゥグン ハタフ

Өвчний шинж тэмдэг
ウプチニー　シンジ　テムデグ

骨折	**яс хугаралт** ヤス　ホガラルトゥ
ねんざ	**шандас сунах** シャンダス　ソナフ
出血	**цус гарах** ツォス　ガラフ
けが	**гэмтэл** ゲムテル
やけど	**түлэгдэлт** トゥレグデルトゥ
虫さされ	**хорхойд хатгуулах** ホルホェドゥ　ハトゥゴーラフ
寒気	**жихүүдэс** ジフーデス
妊娠	**жирэмслэх** ジレムスレフ

Part 4

基本単語

● 195 ●

国名

モンゴル国	Монгол улс モンゴル　オルス
日本	Япон ヤポン
アメリカ	Америк アメーリク
イギリス	Англи アーングリ
フランス	Франц フラーンツ
ドイツ	Герман ゲルマーン
イタリア	Итали イターリ
ロシア	Орос オロス

Улсын нэр
オルスィン　ネル

アジア	**Ази** アーズィ
中国	**Хятад** ヒャタドゥ
台湾	**Тайвань** タェワン
韓国	**Өмнөд Солонгос** ウムヌドゥ　ソロンゴス
北朝鮮	**Хойд Солонгос** ホェドゥ　ソロンゴス
インド	**Энэтхэг** エネトゥヘグ
チベット (中国の地名)	**Төвд** トゥプドゥ
内モンゴル (中国の地名)	**Өвөр Монгол** ウヴル　モンゴル

Part 4 基本単語

動詞 1

日本語	モンゴル語	読み
見る	үзэх	ウゼフ
聞く	сонсох	ソンソフ
話す	ярих	ヤリフ
書く	бичих	ビチフ
教える	заах	ザーフ
学ぶ	сурах	ソラフ
あげる	өгөх	ウグフ
もらう	авах	アワフ

Үйл үг 1
ウィル　ウグ　ネグ

払う	төлөх
	トゥルフ
買う	худалдаж авах
	ホダルダジ　アワフ
押す	түлхэх
	トゥルヘフ
引く	татах
	タタフ
食べる	идэх
	イデフ
飲む	уух
	オーフ
始める	эхлэх
	エフレフ
終わる	дуусах
	ドーサフ

Part 4

基本単語

動詞 2

会う	уулзах オールザフ
別れる	салах サラフ
待つ	хүлээх フレーフ
信じる	итгэх イトゥゲフ
愛する	хайрлах ハェルラフ
覚える	цээжлэх ツェージレフ
忘れる	мартах マルタフ
思い出す	санах サナフ

Үйл үг 2
ウィル　ウグ ホョル

立つ	зогсох ソグソフ
横になる	хэвтэх ヘウテフ
探す	хайх ハェフ
見つける	олох オロフ
質問する	асуух アソーフ
答える	хариулах ハリオラフ
使う	хэрэглэх ヘレグレフ
数える	тоолох トーロフ

Part 4

基本単語

形容詞 1

良い	сайн サェン
悪い	муу モー
大きい	том トム
小さい	жижиг ジジグ
長い	урт オルトゥ
短い	богино ボギン
高い	өндөр ウンドゥル
低い	нам ナム

Тэмдэг нэр 1
テムデグ　ネル　ネグ

重い	**хүнд** フンドゥ
軽い	**хөнгөн** フングン
太っている	**тарган** タルガン
痩せている	**туранхай** トランハェ
かわいい	**хөөрхөн** フールフン
美しい	**сайхан** サェハン
清潔な	**цэвэр** ツェウェル
汚い	**бохир** ボヒル

Part 4

基本単語

形容詞 2

多い	олон オロン
少ない	цөөн ツーン
明るい	гэгээтэй ゲゲーテー
暗い	харанхуй ハランホィ
遠い	хол ホル
近い	ойр オェル
深い	гүнзгий グンズギー
浅い	гүехэн グィフン

Тэмдэг нэр 2
テムデグ　ネル　ホョル

速い	хурдан ホルダン
遅い	удаан オダーン
新しい	шинэ シン
古い	хуучин ホーチン
簡単	амар アマル
難しい	хэцүү ヘツー
暇	завтай ザウタェ
忙しい	завгүй ザウグィ

Part 4

基本単語

● 205 ●

31 自分のこと

Track 85

氏名	овог нэр オウォグ ネル
年齢	нас ナス
性別(男性・女性)	хүйс (эрэгтэй ・ эмэгтэй) フィス　　エレグテー　　エメグテー
国籍(日本)	харьяат (Япон) ハリヤートゥ　　ヤポン
生年月日	төрсөн он сар өдөр トゥルスン　オン　サル　ウドゥル
住所	хаяг ハィグ
電話番号	утасны дугаар オタスニー　ドガール
メールアドレス	и-мэйл хаяг イーメィル　ハィグ

Өөрийн тухай
ウーリーン　　　トハェ

身分証明書	биеийн байцаалт ビィーン　　バェツァールトゥ
口座番号	дансны дугаар ダンスニー　ドガール
職業	ажил アジル
趣味	сонирхол ソニルホル
血液型	цусны бүлэг ツォスニー　ブレグ
身長（〜cm）	биеийн өндөр（〜см） ビィーン　　ウンドゥル　サンチメートル
体重（〜kg）	биеийн жин（〜кг） ビィーン　　ジン　キログラム
独身・既婚	ганц бие・гэр бүлтэй ガンツ　ビィ　ゲル　ブルテー

Part 4

基本単語

著者
川越有希子（かわごえ・ゆきこ）

神戸生まれ。宝塚造形芸術大学卒。デザイン会社勤務の後、1996 年の旅行がきっかけで、内モンゴル師範大学モンゴル語学部に留学。帰国後、『旅の指さし会話帳モンゴル』（2004 年、情報センター出版局）を出版。現在、フリーのイラストレーターとして活動。モンゴルからもパッケージデザインなどの依頼を受ける。
モンゴルの遊牧民たちの大らかで豊かな生活に憧れており、田舎で 3 児の育児、自然農法、絵画教室アトリエ SORA、地域創生に取り組んでいる。

協力
ダワー・オユンゲレル（Davaa Oyungerel）

モンゴル国ズーンハラー出身。
モンゴル国立大学卒。大阪外国語大学大学院言語社会博士課程修了。

ラハマデゲド（L. Lhamdeged）

モンゴル国ナライハ出身。
桜美林大学国際学部卒業。

参考文献　大学書林『初級モンゴル語』（塩谷茂樹、E. プレブジャブ）

新版 はじめてのモンゴル語

2025 年 4 月 18 日　初版発行

著者	川越有希子
発行者	石野栄一
発行	明日香出版社

〒 112-0005 東京都文京区水道 2-11-5
電話（03）5395-7650（代表）
https://www.asuka-g.co.jp

カバーデザイン	清原一隆（KIYO DESIGN）
イラスト	川越有希子
印刷・製本	三松堂株式会社

©Yukiko Kawagoe 2025, Printed in Japan
ISBN 978-4-7569-2405-6

落丁・乱丁本はお取り替えいたします。
内容に関するお問い合わせは弊社ホームページ（QR コード）からお願いいたします。